INTERPRETATIONSHILFE DEUTSCH

Theodor Fontane

Irrungen, Wirrungen

Interpretiert von Helmut Moers

STARK

Bildnachweis
Umschlagbild und Abbildung Seite 73: Landschaft bei Hankels Ablage
Aquarell von Otto Scherfling.
aus: Edda Ziegler / Gotthard Erler:
Theodor Fontane. Lebensraum und Phantasiewelt. Eine Biographie
© Aufbau-Verlag GmbH, Berlin 1996

ISBN 978-3-89449-758-3

D-85318 Freising · Postfach 1852 · Tel. (0 81 61) 1790
Auflage 2007

Inhalt

Autor: Helmut Moers

Vorwort

Liebe Schülerin, lieber Schüler,

diese Interpretationshilfe zu Theodor Fontanes *Irrungen, Wirrungen* bietet Ihnen Hilfestellung bei der Lektüre und Deutung einer der kunstvollsten und erfolgreichsten Romane des Autors.

Das Kapitel **Theodor Fontane und seine Zeit** vermittelt wichtige biografische Fakten und beleuchtet die historischen Hintergründe, ohne die das Verständnis des Romans nicht möglich ist. Die Darlegungen zur **Entstehung des Romans** gewähren erste Einblicke in Anlass und Intention des Werkes, indem herausgestellt wird, dass Fontane eine Alltagsgeschichte schreiben wollte, die das Typische seiner Zeit einfängt.

Die nach Kapiteln gegliederte, ausführliche **Inhaltsangabe** gibt einen Überblick über die wesentliche Handlung.

Den Hauptteil der Interpretationshilfe macht das Kapitel **Textanalyse und Interpretation** aus. Am Anfang steht eine gründliche Analyse der **Figuren,** welche die charakteristischen Eigenschaften der einzelnen Handlungsträger aufzeigt, aber auch das Verhältnis der Figuren untereinander erkennen lässt. Schaubilder fassen Wesentliches zusammen. Anschließend werden Fontanes **Erzählweise** und die „tausend Raffinessen", die er nach eigenen Angaben beim Schreiben verwendet, eingehend analysiert und für die Interpretation des Romans genutzt.

Wie abhängig ist der Einzelne von der Gesellschaft? Welche Bedingungen sind notwendig, wenn sich ein Individuum in einer Klassengesellschaft emanzipieren will? – Wie der Roman mit Fragen wie diesen umgeht, steht im Mittelpunkt der Kapitel **Individuum und Gesellschaft** und **„Irrungen, Wirrungen" als emanzipatorischer Roman.**

Im Abschnitt **Fontanes Realismus** wird ein Blick auf die spezielle Schaffensweise des Autors geworfen. Hier geht es darum, *was* in einem realistischen Roman wie *Irrungen, Wirrungen* erzählt wird, mehr aber noch darum, *wie* erzählt wird. Es wird klar, dass die künstlerische Durchdringung des Stoffes wesentlich für die Aussage eines Werkes ist.

Zur Vorbereitung und Übung von Klausuren werden abschließend drei **Schlüsselstellen** des Romans genauer analysiert und interpretiert.

Die knappen Hinweise zur **Rezeption des Romans** machen deutlich, wie umstritten er bei seinem Erscheinen war und wie erfolgreich er bis heute ist. Die **Literaturhinweise** können zur weiteren Beschäftigung mit dem Werk und mit anderen Romanen Fontanes anregen.

Helmut Moers

Einführung

Leser und damit auch Schülerinnen und Schüler fragen Schriftsteller oft: „Wo bleibt das Positive? Warum schreiben Sie nicht mal etwas Vorbildhaftes?"

Solchen Fragen kann mit *Irrungen, Wirrungen* eine Antwort gegeben werden. Der Leser findet in diesem Roman zwar keine heile Welt vor oder eine unechte Idylle. Mit der Gestalt Lenes wird aber durchaus eine Frau präsentiert, die man bewundern, verehren, ja lieben kann, mit der man sich identifizieren kann. Sie ist nicht nur schön und natürlich, sondern auch sinnlich und vernünftig zugleich. Sie ist der Idealtyp Frau, der es gelingt, die Widrigkeiten des Lebens auszuhalten. Ihre große Liebe kann zwar nicht zu einer offiziellen Verbindung führen, da die gesellschaftlichen Bedingungen entgegenstehen. Sie endet aber nicht tragisch, da Lene auf das verzichtet, was ihr nicht möglich ist. Sie liebt weiterhin und geht schließlich eine Ehe mit einem ordentlichen Mann ein, der ihr die Sicherheit vermittelt, die eine Frau in der zweiten Hälfte des 19. Jahrhunderts braucht, da sie unverheiratet praktisch auf Tagelöhnertätigkeiten angewiesen ist.

Auch für Lenes Liebhaber Botho von Rienäcker wird der Leser Sympathie hegen, da dieser gut aussieht und ein verlässliches, warmherziges Wesen hat. Er ist treu und liebt Lene nach Jahren noch. Seine Ehe mit Käthe von Sellenthin geht er ein, um sich und seine Mutter finanziell abzusichern.

Der Leser erkennt die Motive der handelnden Personen, auch der Nebenfiguren, und versteht Fontanes Kritik an der Gesellschaft seiner Zeit, indem er mit den Figuren mitlebt.

Der Roman weist zahllose erzählerische „Raffinessen" auf und lässt sich deshalb gut lesen. Dynamik entsteht durch den

Einsatz einer kunstvollen Vorausdeutungstechnik, durch das raffinierte Spiel mit Wörtern und Wortbedeutungen sowie durch die (z. T. kontrastierende) Wiederholung von Motiven. Humorvolle und satirische Darstellungen erhöhen noch den Unterhaltungswert des Romans.

Die vorliegende *Interpretationshilfe* gewährt einen Einblick in die Werkstatt des Autors: Es wird nachvollziehbar, *wie* ein Text gestaltet ist und *warum* er so gestaltet ist. Dieser Einblick öffnet die Augen für die Methoden der Textanalyse, deren Beherrschung die Grundlage beim Anfertigen von guten Prüfungsaufsätzen bildet.

Bei *Irrungen, Wirrungen* handelt es sich zwar um einen rund 120 Jahre alten Roman, die thematische Aktualität aber ist immer noch gegeben. Denn auch in unserer „emanzipierten" Zeit spielen soziale und kulturelle Gegensätze eine große Rolle. Man denke nur daran, welche Probleme entstehen, wenn etwa ein „cooler Typ" von heute sich mit einem islamischen Mädchen verbinden wollte.

Biografie und Entstehungsgeschichte

1 Theodor Fontane und seine Zeit[1]

Henri Théodore Fontane wurde am **30. 12. 1819** in Neuruppin (Mark Brandenburg) geboren. Die Eltern Louis Henri und Emilie, geborene Labry, stammen aus französischen Hugenottenfamilien, die nach der Aufhebung des Edikts von Nantes (1685) Frankreich verlassen und sich in Preußen angesiedelt haben. Der Vater war Apotheker und besaß wie sein Sohn Theodor einen Hang zur Geselligkeit und Plauderei (Causerie). Er war der Spielleidenschaft verfallen und brachte seine Familie in finanzielle Schwierigkeiten, so dass er seine Apotheke in Neuruppin verkaufte und in Swinemünde an der Odermündung, dem Kessin aus *Effi Briest,* eine andere erwarb. Schließlich endete er in einer kleinen Apotheke in Letschin im Oderbruch.

Fontane hat seine französische Abstammung teilweise sehr betont („Märker, aber noch mehr Gascogner“[2]), dennoch ist er durch Preußen und die Geschichte seiner Zeit natürlich stärker geprägt als durch seine Abstammung.

Die Schule besuchte Fontane in Swinemünde bzw. er wurde von Hauslehrern unterrichtet, ab 1832 war er über ein Jahr auf dem Gymnasium in Neuruppin, bis er im Herbst 1833 in eine neu gegründete Berliner Gewerbeschule (Oberrealschule) eintrat. 1836 schloss er die Schule mit dem „Einjährigen“ (Mittlere

Reife) ab und wurde Apotheker-Lehrling. Er arbeitete als Gehilfe in Apotheken in Berlin, Magdeburg, Leipzig, Dresden und in der väterlichen Apotheke in Letschin. 1844/45 leistete Fontane seinen Militärdienst, 1847 legte er das Apotheker-Examen ab.

Fontane schrieb seinen ersten Roman zwar erst im Alter von 57 Jahren, hatte aber schon früh literarische Interessen. Er gehörte mehreren Literaturvereinigungen an, ab 1843 dem bedeutenden Verein „Tunnel über der Spree“. Dadurch machte er wichtige Bekanntschaften, Freundschaften gründeten sich, z. B. mit Bernhard von Lepel und dem späteren Nobelpreisträger Paul Heyse sowie dem Maler Adolph von Menzel. Er versuchte sich an ersten Erzählungen und veröffentlichte Gedichte und Balladen in Zeitungen und Zeitschriften. Dadurch entstanden Kontakte zu Redaktionen. Er verfasste auch journalistische Texte und war darüber hinaus als Übersetzer und Herausgeber tätig.

Fontane interessierte sich für Geschichte und Politik. In seiner Jugend war er Republikaner, er trat für eine deutschnationale Demokratie ein. Folglich beteiligte er sich an der literarischen „Vormärz“-Bewegung und aktiv an den Barrikadenkämpfen der Revolution vom März 1848.

1849 gab er seinen Apothekerberuf auf, um sich mehr seinen literarischen Arbeiten widmen zu können. Er konnte jedoch noch nicht als freier Schriftsteller leben und nahm deshalb Arbeiten als Zeitungskorrespondent und als Angestellter von staatlichen Pressediensten an („Centralstelle für Pressangelegenheiten“).

Seit 1845 war Fontane verlobt mit Emilie Rouanet-Kummer. 1850 heirateten sie. Aus dieser Verbindung stammen die Kinder George (geb. 1851), Theodor (1856), Martha (1860) und Friedrich (1864), der später als Verleger für seinen Vater tätig war.

Mehrere Englandreisen bzw. längere Englandaufenthalte, z. T. mit der Familie, waren bedeutsam für Fontanes persönliche, berufliche und literarische Entwicklung. Als Reisebücher entstanden *Jenseits des Tweed* und *Aus England* (1860).

Fontane war in dieser Zeit für Regierungsstellen und die Gesandtschaft in London tätig. Aus dem Revolutionär Fontane wurde allmählich ein der reaktionären Regierung nahe stehender Literat und Korrespondent. Solche Widersprüche gab es viele in Fontanes Leben. So war etwa auch seine Haltung zu Juden sehr ambivalent; er war mit vielen befreundet, doch sind auch antisemitische Äußerungen belegt, wie sie in seiner Zeit verbreitet waren.

Nach einem Regierungswechsel verließ Fontane die „Pressstelle" und kehrte 1859 nach Deutschland zurück. Paul Heyse versuchte, ihn als Privatbibliothekar des bayrischen Königs unterzubringen. Das Vorhaben scheiterte jedoch.

1860 trat Fontane in die Redaktion der konservativen Berliner *Kreuz-Zeitung* ein. Gleichzeitig erschienen die ersten Aufsätze der *Wanderungen durch die Mark Brandenburg*, in denen Fontane sich mit der Geschichte seiner Heimat, den geografischen Gegebenheiten sowie den bekannten Adelsfamilien beschäftigt. Das mehrbändige Werk begründet seinen Ruhm, auch den heutigen. Menschen, die nie einen Roman Fontanes gelesen haben, entdecken auch heute noch die Mark Brandenburg mit den *Wanderungen* als Reiseführer in der Hand.

Die *Wanderungen* sind eigenständige Werke, gleichzeitig bereiten sie die Romane vor, denn die Erfahrungen und das Wissen, das Fontane durch die *Wanderungen* gesammelt hat, haben sich auf das Romanwerk fruchtbar ausgewirkt.

Als Vorarbeiten für seine Romane können auch Fontanes Kriegsberichte angesehen werden. Im Auftrag der Regierung war er bei den Einigungskriegen gegen Dänemark (1864), Österreich (1866) und Frankreich (1870/71) als Berichterstatter tätig. Er besuchte die Schlachtfelder, interviewte Soldaten und Offiziere sowie offizielle Stellen. Im Winter 1870/71 wurde Fontane als Spion verhaftet und in ein französisches Gefängnis gebracht. Durch Bismarcks persönliche Intervention kam er wieder frei.

Die umfangreichen Berichte zeigen einen national gesonnenen, konservativen preußischen Autor, aber keinen Nationalisten oder Chauvinisten. In seinem Buch *Kriegsgefangen. Erlebtes 1870* schreibt Fontane: „Die bloße Verherrlichung des Militärischen, ohne sittlichen Inhalt und großen Zweck, ist widerlich.“ [3]

Die Kriegsbücher Fontanes belegen eine große Bismarck-Verehrung. Fontane sah ihn als politisches Genie an, vor allem in seiner Ausgleichs- und Friedenspolitik, die Bismarck zur zentralen politischen Gestalt in Europa gemacht hat. Durch seine Politik, die dadurch verlässlich war, dass Bismarck keinerlei Forderungen gegenüber den anderen Nationalstaaten hatte („Deutschland ist saturiert.“), wurde nach dem französischen Krieg eine relativ lange Friedenszeit eingeleitet. Fontane erfreute sich auch am Geist, Witz und Humor vieler Reden Bismarcks. Doch die anfängliche Bismarck-Begeisterung wandelte sich allmählich in eine kritische Distanz. Fontane sah Bismarcks Selbstherrlichkeit und seinen Despotismus: „Er ist ein großes Genie, aber ein kleiner Mann.“ [4]

Auf jeden Fall spielt Bismarck eine nicht unwesentliche Rolle in Fontanes Werk. Er bezeichnete ihn seiner Uniform wegen als den „Schwefelgelben“. In einem Brief schrieb Fontane: „… und wenn das Gespräch ihn auch nur flüchtig berührt, es ist immer von ihm die Rede.“ [5] Im siebten Kapitel von *Irrungen, Wirrungen* wird Bismarck nicht nur flüchtig erwähnt, sondern von Onkel Osten massiv angegriffen.

Auch Fontanes Liebe zum Adel wich allmählich einer kritischeren bis ablehnenden Einstellung. Seiner Einschätzung nach war „dieser beschränkte, selbstsüchtige, rappschige Adel“ [6] seiner Aufgabe, menschliches, politisches und moralisches Vorbild zu sein, nicht mehr gewachsen. Im Brief vom 12. 4. 1894 schrieb Fontane an seinen Freund Georg Friedländer: „Von meinem vielgeliebten Adel falle ich mehr und mehr ganz ab, traurige Figuren, beleidigend unangenehme Selbstsüchtler von einer mir ganz unverständlichen Borniertheit [...]“[7] Der Roman *Irrungen, Wirrungen* zeigt den Verfall des Adels besonders gut auf.

Fontanes Arbeit für die *Kreuz-Zeitung* (bis 1870), seine Kriegsberichte und seine *Wanderungen* haben ihn in den Augen der Öffentlichkeit zu einem angepassten, konservativ ausgerichteten Literaten werden lassen. Doch seine Briefe und vor allem das Romanwerk offenbaren den kritischen Zeitgenossen, der zwar nicht für eine Revolution eintritt, doch einen Umbau des ganzen Systems fordert.

Ab 1877 war Fontane freier Schriftsteller. Es entstanden die bekannten Romane und Novellen *Vor dem Sturm* (1878), *Grete Minde* (1880), *L'Adultera* (1882), *Schach von Wuthenow* (1883), *Irrungen, Wirrungen* (1888), *Stine* (1890), *Unwiederbringlich* (1892), *Frau Jenny Treibel* (1893), *Effi Briest* (1895) und *Der Stechlin* (postum 1898).

Bei der Arbeit an *Effi Briest* erkrankte Fontane schwer an einer Depression. Die Produktivität stockte. Sein Arzt empfahl ihm, seine Kindheitserinnerungen zu Papier zu bringen. Fontane folgte dem Rat und schrieb *Meine Kinderjahre* (1893). Aufgrund seiner Selbstanalyse gesundete er und konnte *Effi Briest* beenden.

Seinen letzten Roman *Der Stechlin* kann man als die Summe seines persönlichen und literarischen Lebens ansehen. Die Hauptfigur Dubslav von Stechlin weist viele autobiografische Züge auf.

Fontane lebte ab 1860 ununterbrochen in Berlin. Doch viele Reisen durch ganz Europa und lange Kuraufenthalte und Sommerfrischen haben ihm die für einen Schriftsteller notwendige Multiperspektivität eingebracht.

Hervorgetreten ist Fontane auch als Briefschreiber und Kritiker. Mehr als 20 Jahre war er für die *Vossische Zeitung* als Theaterkritiker tätig. Vielleicht weisen die Romane deshalb so viele Dialoge auf, weil der Verfasser eine solche Nähe zum Drama hatte.

Am **20. 9. 1898** starb Fontane plötzlich und unerwartet in seiner Berliner Wohnung, vermutlich an einem Herzschlag.

2 Zur Entstehung des Romans „Irrungen, Wirrungen“

Viele Romane Theodor Fontanes basieren auf zeitgenössischen Begebenheiten. Über *Irrungen, Wirrungen* haben wir keine Informationen bezüglich eines realen Hintergrundes. Fontane lässt die Handlung im Jahre 1875 in Berlin beginnen. Im Folgenden sollen einige zentrale Informationen den **zeitgeschichtlichen Hintergrund des Romans** beleuchten:

Bis zum deutsch-französischen Krieg von 1870/71 war Berlin zwar eine Großstadt, aber noch keine Weltmetropole. Erst in den so genannten Gründerjahren nach dem Krieg setzte eine außerordentliche wirtschaftliche Belebung ein, Arbeitsplätze entstanden und viele Menschen zogen nach Berlin, das sich zu einer prächtigen Stadt entwickelte. Gleichzeitig wurden hässliche Arbeitersiedlungen gebaut, soziale Probleme entstanden. Die wachsende Unterschicht (Arbeiter, Dienstboten) begann für ihre Rechte zu kämpfen. Teile des Bürgertums wurden immer reicher, viele preußische Adelsfamilien verarmten, vor allem der Landadel. Das Kapital der Fabrikanten und Industriellen beherrschte die Wirtschaft, die politische Macht jedoch hatte der Adel.

Die Unterschiede zwischen den gesellschaftlichen Gruppen verfestigten sich. Eheschließungen zwischen Kleinbürgern und Adeligen waren fast unmöglich. Verhältnisse mit Frauen aus der Unterschicht, wie sie in *Irrungen, Wirrungen* bei den adeligen Offizieren als üblich dargestellt werden, waren zwar gesellschaftlich toleriert, durften aber nicht in einer Ehe legalisiert werden.

Wenn auch Fontane **keine reale Begebenheit als Handlungsgrundlage** für *Irrungen, Wirrungen* vorlag, hat er doch die Realität seiner Zeit beschrieben: die gesellschaftlichen Zwänge, den Niedergang des Adels und das Leben in der stickigen Großstadt. Dabei ist der Raum um die Gärtnerei Dörr, wo die Anfangsszenen spielen, paradiesisch. Der Garten bietet dem Liebespaar

Lene–Botho einen Zufluchtsort, wo die Liebe möglich ist. Folglich erscheint der Garten voller „Duft und Frische" (S. 29), „eine prächtige Luft" (S. 53) herrscht. Dagegen wird im gesellschaftlichen Bereich festgestellt: „Ihr schönes Berlin hat alles, aber keine Luft." (S. 41) Auf diese Weise deutet Fontane an, dass die Verhältnisse den Einzelnen ersticken lassen.

Fontane stellt in seinen Romanen **das Typische seiner Zeit** dar. Die **Realität** ist so gut **getroffen,** dass nach der Veröffentlichung von *Irrungen, Wirrungen* eine Frau zu Fontane kam und sagte, sie erkenne sich in der Figur Lenes wieder, Fontane habe ihre Geschichte geschrieben.[8]

Im Jahre **1882** hatte Fontane die ersten Ideen zu *Irrungen, Wirrungen.* Am 19. Juli 1882 schrieb er an seine Frau, dass er an einer neuen Novelle arbeite. (Fontane hat seine Romane gerne auch als „Novellen" bezeichnet.) Im Tagebuch von Dezember 1882 charakterisierte er den Stoff mit: „Irrt, wirrt."[9]

Aber erst zwei Jahre später begann Fontane mit der Niederschrift einzelner Kapitel. Er konzentrierte sich ab April 1884 auf dieses Werk, betrieb Lokalstudien (Jungfernheide, Rollkrug, Jacobifriedhof) und fertigte in einem Notizbuch Lageskizzen an (etwa von der Gärtnerei Dörr, s. *Interpretationshilfe,* S. 10). Während eines Aufenthalts in Hankels Ablage – einem zentralen Schauplatz des Romans – im Mai 1884 skizzierte Fontane das Handlungsgerüst. Dennoch ließ er den Entwurf liegen und andere Werke traten in den Vordergrund (u. a. *Céline, Stine).*

1886 beendete Fontane den Roman. Vom März bis Juli 1887 überarbeitete er ihn nochmals. Vom 24. Juli bis 23. August **1887** wurde *Irrungen, Wirrungen* in der *Vossischen Zeitung* vorabgedruckt mit dem Untertitel *Eine Berliner Alltagsgeschichte.*

Die Buchausgabe erschien **1888.** Der erfolgreiche Roman erfuhr zahlreiche Auflagen, bis 1910 wurden bereits 20 000 Exemplare abgesetzt.

Lageskizze Theodor Fontanes mit Transkription

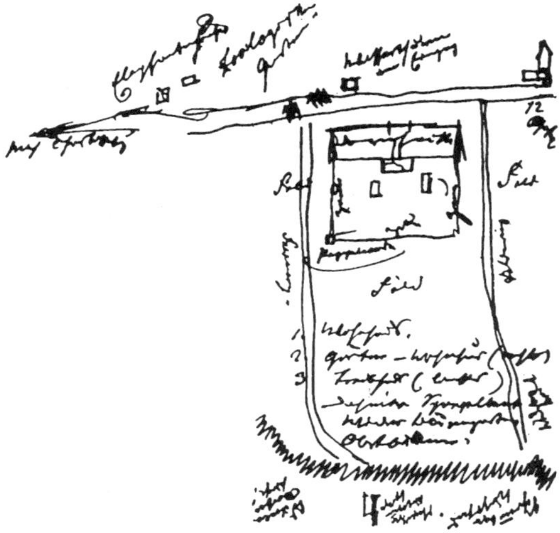

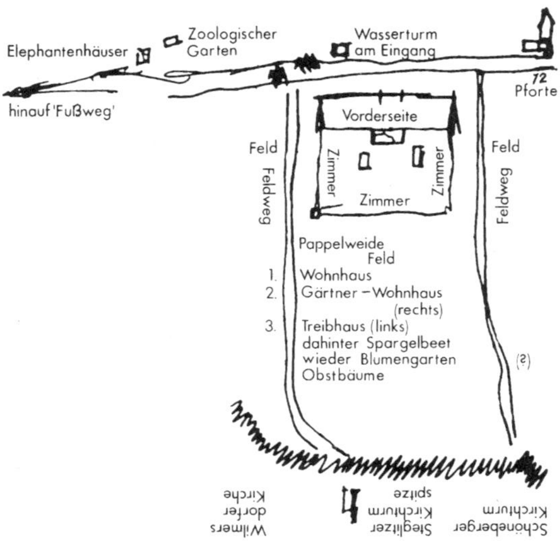

Aus: Gunter H. Hertling, *Theodor Fontanes „Irrungen Wirrungen“. Die ‚erste Seite‘ als Schlüssel zum Werk.* New York: Peter Lang 1985, S. 75

Inhaltsangabe

Theodor Fontanes Roman *Irrungen, Wirrungen*, 1887 als Vorabdruck in der *Vossischen Zeitung* erschienen, spielt in den Jahren 1875–1878, also in zeitlicher Nähe zur Entstehungszeit. Er trug beim Vorabdruck den Untertitel *Eine Berliner Alltagsgeschichte.*

Kapitel 1

Das erste Kapitel stellt in einer eingehenden Ortsbeschreibung die Gärtnerei des Herrn Dörr an der Kurfürstenstraße in Berlin vor. Dieser lebt dort mit seiner Frau und einem Sohn aus erster Ehe in kleinbürgerlichen Verhältnissen. Eines Holztürmchens wegen wird die Gärtnerei von Frau Nimptsch, einer alten Waschfrau, die mit ihrer Pflegetochter Lene in einem vorgelagerten kleinen Haus zur Miete wohnt, „Schloss" genannt.

Neben der genauen Ortsbeschreibung bietet das Kapitel einen Dialog zwischen Frau Nimptsch und der Gärtnerfrau Dörr am offenen Herd der Frau Nimptsch, der wie gewöhnlich, auch bei warmem Wetter, in Betrieb ist.

Im Gespräch geht es im Wesentlichen um Lene und einen jungen Baron, dessen Name „Botho" hier allerdings noch nicht genannt wird. Das junge Paar macht gerade einen Spaziergang. Ihre Abwesenheit nutzen die beiden Frauen zu einem Gespräch über das Verhältnis. Frau Nimptsch lässt erkennen, dass Lene den gesellschaftlich so viel höher gestellten Botho von Herzen liebt. Darüber ist Frau Dörr erschrocken: „[…] so'n gutes Kind, das alles ernsthaft nimmt und alles aus Liebe tut, ja, **das** ist schlimm …" (S. 6) Damit wird ein Scheitern der Beziehung schon hier angedeutet. Frau Dörr hat selbst ein Verhältnis mit einem über 50 Jahre alten Grafen gehabt. Sie weiß, wovon sie spricht.

Lene ist nicht das leibliche Kind der Frau Nimptsch. Als Frau Dörr auf die Möglichkeit hinweist, Lene könne eine Prinzessin sein, schüttelt die Pflegemutter den Kopf.

Zur „Alltagsgeschichte" gehört, dass beide Frauen ein wenig berlinern, damit der Leser einen Eindruck vom Milieu bekommt.

Kapitel 2

Im zweiten Kapitel wird hauptsächlich von Herrn Dörr und seiner Arbeit erzählt. Dörr macht seinem Namen alle Ehre. Er wird als geizig, mager und hässlich beschrieben. Seine Frau bezeichnet ihn als „schrumplich" (S. 9), er wirkt wie ausgedörrt. Der sprechende Name passt eigentlich nicht zu einem Gärtner. Er weist auf das Widersprüchliche, Antithetische in Dörrs Umgebung und Verhalten hin. Das „Schloss" ist „nichts als ein jämmerlicher Holzkasten" (S. 7). Dörr empfindet seine figurlose, dickliche Frau als schön. Dass sie ein Verhältnis mit einem Grafen hatte, sieht er als Kompliment an. In seiner Arbeit lässt er den Sinn für Feines und Schönes vermissen. Er baut gerne Dinge an, die ihm schnell Geld einbringen. Zum Anwesen gehören noch ein Hund namens Sultan und eine Schar Hühner, die Dörr besonders liebt.

Kapitel 3

Der neckisch-gutmütige Ton, der unter den Eheleuten Dörr herrscht, wird zunächst anhand einer kurzen Episode bei der Spargelernte veranschaulicht. Dann liegt der Schwerpunkt des dritten Kapitels ganz auf der Charakterisierung Lenes.

Die hübsche, aschblonde Lene ist sehr fleißig. Sie bügelt am Fenster und unterhält sich in ihrer freundlichen, aufgeschlossenen Art mit Frau Dörr. Sie sieht die Welt gerne positiv: „Sie sind immer so gut", sagt sie zu Frau Dörr, und auch deren Mann hält sie für „ein[en] gute[n] Mann" (S. 14).

Die neugierige Frau Dörr lässt sich erzählen, wie Lene Botho am zweiten Ostertag kennen gelernt hat. Dieser hat Lene, ihre

Freundin Lina und deren Bruder Rudolf bei einer Kahnfahrt vor einem herannahenden Dampfschiff gerettet, indem er mit einem Kameraden das gefährdete Boot an das eigene gebunden hat und schnell aus der Gefahrenzone herausgerudert ist.

Lene weist Frau Dörrs Vermutung zurück, sie bilde sich ein, Botho heiraten zu können. Sie liebt ihn zwar und ist glücklich, weiß aber um die Unmöglichkeit einer ehelichen Verbindung.

Kapitel 4

Das vierte Kapitel beschreibt einen Besuch Bothos bei Lene und ihrer Mutter. Die Familie Dörr ist auch zugegen.

Botho scheint das kleinbürgerliche Milieu zu gefallen. Er nennt Herrn Dörr übertrieben-jovial seinen alten Freund und Gönner (vgl. S. 20) und beteuert, es gebe für ihn keinen besseren Platz als am Feuer der alten Frau Nimptsch, die lebe wie „Gott in Frankreich“ (S. 21). Er belustigt die Gesellschaft schließlich mit mitgebrachten Knallbonbons, die Verse enthalten. Botho inszeniert zum Spaß eine fiktive, völlig belanglose Unterhaltung, wie sie in seinen Kreisen typisch sei. Lene in ihrem natürlichen Empfinden hat kein Verständnis für solch oberflächliches Verhalten und hohles Reden, es liegt ihr völlig fern (vgl. S. 27).

Als in der Nähe ein Konzert beginnt, schlägt Botho einen Tanz vor. Die Stimmung wird übermütig, Dörr schlägt mit dem Löffel den Takt und Lene bietet Kirschwasserpunsch an.

Kapitel 5

Lene und Botho gehen im Garten der Dörrs spazieren. Sie genießen die frische Luft nach der Abendunterhaltung im Zimmer und am Herdfeuer der Frau Nimptsch.

Gesprächsgegenstand ist zuerst das Ehepaar Dörr. Treffend und genau weiß Lene den Gärtner Dörr als geizigen, hartherzigen, aber auch liebenden Ehemann zu beurteilen, der aufgrund seines schlechten Gewissens und sexuellen Verlangens den Wünschen seiner ihm intellektuell unterlegenen Frau nachgibt. Lene berichtet Botho weiter, dass Frau Dörr „ein Verhältnis" gehabt habe. Dabei sei es aber nicht um Liebe gegangen.

Lene und Botho setzen sich und betrachten schweigend den Mond. Lene schmiegt sich an den Baron.

Im anschließenden Gespräch geht es um Bothos Zuhause, das Schloss Zehden, und um seine Mutter. Indem Botho Parallelen zwischen seinem Schloss und dem Anwesen der Dörrs aufzeigt, ebnet er indirekt die gesellschaftlichen Unterschiede ein. Etwaige Befürchtungen Bothos, Lene könne weitergehende Ansprüche auf ihn geltend machen, räumt diese gleich vorab selbstbewusst aus dem Weg. Ihre geistige und menschliche Überlegenheit demonstriert Lene, wenn sie prophezeit, dass Botho sie zwar liebe, er aber von ihr gehen müsse, weil die Umstände und die Gesellschaft es von ihm verlangten. Die Liebe mache sie nicht blind, sondern „hell und fernsichtig" (S. 33).

Im nahen zoologischen Garten wird nach dem Konzert noch ein Feuerwerk abgebrannt, dann ist wieder Musik zu hören.

Botho gegenüber gibt Lene zu, dass sie davon träumt, ihre Liebe vor aller Welt zu demonstrieren. Aber in ihrer klarsichtigen Überlegenheit weiß sie nur zu genau, dass Botho in der Öffentlichkeit nicht zu ihr stehen wird: „Ihr kennt ja nur euch und euren Klub und euer Leben. Ach, das arme bisschen Leben. [...] Man muss allem ehrlich ins Gesicht sehen und sich nichts weismachen lassen und vor allem sich selbst nichts weismachen." (S. 34) Diese Worte sind nicht nur vorausschauend und unterstreichen Lenes Intelligenz als Liebende, sondern stellen auch eine kritische, entlarvende Haltung Botho gegenüber dar.

Kapitel 6

Dieses Kapitel zeigt die Wohnung des Barons Botho von Rienäcker, die geschmackvolle Einrichtung und die wertvollen Bilder, deren Erwerb seine finanziellen Mittel eigentlich übersteigt.

Zwei wichtige Briefe treffen ein: Sein Onkel, der zu Besuch in Berlin ist, lädt ihn schriftlich zum Essen ein. Botho vermutet dahinter konkrete, seine eigene Zukunft betreffende Pläne; auch seine Mutter könnte möglicherweise dahinter stecken. Der zweite Brief ist von Lene, die sich nach Botho sehnt und ihm offen ihre Empfindungen mitteilt. Botho wird der Konflikt bewusst, in dem er lebt. Er hat „allerwiderstreitendste Gefühle" (S. 37), ist aber schließlich von dem Brief Lenes entzückt, auch wenn er kleine Rechtschreibfehler feststellt.

Guter Dinge verlässt Botho die Wohnung, um seinen beruflichen und gesellschaftlichen Verpflichtungen nachzukommen.

Kapitel 7

Nach dem Dienst in der Kaserne trifft sich Botho mit seinem Onkel Baron Osten zum Mittagessen im Restaurant Hiller. Ein Kamerad, Leutnant von Wedell, begleitet ihn. Der Onkel entpuppt sich im Gespräch als Original, das Delikatessen und feine Weine liebt, aber in unterhaltsamen Wendungen über die stickige Berliner Luft und vor allem über Bismarck schimpft. Botho wagt kaum zu widersprechen, weil seine Mutter und er finanziell von dem Onkel abhängig sind.

Zum Ende des Gesprächs wird der eigentliche Grund für die Einladung erkennbar: Der Onkel erinnert Botho daran, dass er an seine Kusine Käthe von Sellenthin gebunden ist. Diese Verbindung sei schon vor Jahren von den Eltern abgesprochen worden. Überdies sei Käthe hübsch, charmant und reich. Da seine Mutter und er über ihre Verhältnisse zu leben pflegten, müsse er sich entscheiden. Käthe könne er nicht länger warten lassen.

Kapitel 8

Zwei Offiziere, Serge und Pitt, tauschen im Klub Neuigkeiten aus, als Leutnant von Wedell erscheint und von seiner Begegnung mit dem Baron Osten und Botho berichtet. Er deutet an, dass Botho seine Kusine Käthe heiraten soll. Die Freunde Bothos sind sich einig, dass Käthe hübsch und zudem eine gute Partie ist, sie haben aber auch gehört, dass Botho ernsthaft überlegt, Lene zu heiraten („seine Weißzeugdame zur weißen Dame erheben", S. 52). Sie wissen also um sein Verhältnis. Sie wissen aber auch, dass Botho ständig mehr Geld ausgibt, als er hat, und vermuten, die Umstände zwängen Botho, sich von seiner Liebe zu trennen.

Kapitel 9

Lene, Botho und Frau Dörr gehen spazieren, zunächst im Garten, dann in Richtung Wilmersdorf. Es ist ein prächtiger Sommerabend. Frau Dörr verbreitet – wie üblich – Anzüglichkeiten. Dennoch sind alle bester Stimmung, sie singen und spielen Fangen. Der Text eines Liedes, das sie auf dem Heimweg anstimmen, versetzt Lene und Botho jedoch in eine ernstere Stimmung.

Kapitel 10

Die Abendgesellschaft setzt sich bei der alten Frau Nimptsch fort, zunächst ohne Frau Dörr. Lene hat sich einige Dinge aufgeschrieben, nach denen sie Botho fragt. Sie will unter anderem wissen, was die Namen Pitt, Serge und Gaston bedeuten. Botho erklärt, bei den ersten beiden handle es sich um die Spitznamen zweier Offizierskollegen, und Gaston, der Mann mit der Maske, sei er selber. Lene glaubt, eine Maske bei Botho bemerken zu können.

Als Frau Dörr verspätet erscheint mit der Entschuldigung, sie habe noch einen Begräbniskranz flechten müssen, spricht die Runde über Beerdigungen. Frau Nimptsch wünscht sich einen Kranz aus Immortellen. Voller Sorge überlegt sie, wer ihr denn einen auf's Grab legen würde. Lene beruhigt sie; als auch Botho verspricht, persönlich einen Immortellenkranz auf ihr Grab legen zu wollen, verklärt sich das Gesicht der Alten vor Freude.

Beim Abschiednehmen überlegen Lene und Botho, demnächst einen Ausflug zu machen. Frau Dörr soll das junge Paar begleiten.

Kapitel 11 bis 13

Die Kapitel 11 bis 13 schildern den Höhe- und Wendepunkt des Romans: den zweitägigen Ausflug Lenes und Bothos nach „Hankels Ablage“, einer ehemaligen Fischerbehausung in der Nähe von Berlin, die jetzt als Gasthaus genutzt wird.

Lene und Botho fahren allein, ohne Frau Dörr also. Sie freuen sich auf die Zweisamkeit in der Einsamkeit. Das Ausflugslokal liegt idyllisch, von alten Bäumen umgeben, an der Spree. Lene ist sehr glücklich.

Nachdem sich das Paar einquartiert hat, genießt es die Umgebung am Spreeufer. Als sie zwei Boote entdecken, brennt Lene darauf, eine Fahrt zu unternehmen. Botho neckt sie mit dem Hinweis auf die Kahnpartie, bei der sie sich kennen gelernt haben. Sie nehmen das Boot „Forelle“, nicht die „Hoffnung“. Schließlich landen sie auf einer Wiese, auf der Botho für Lene einen Blumenstrauß pflücken will. Er findet nicht gleich etwas Brauchbares. Lene hilft ihm, sie hat einen besseren Blick für Blumen. Es entsteht ein schöner Strauß aus Vergissmeinnicht, Immortellen und anderen Blumen, den sie Botho schenkt. Lene bindet den Strauß mit einem Haar von sich zusammen, weil Botho darauf besteht. Ihren Einwand „Haar bindet“ (S. 71) tut er als Aberglauben ab. Während der Rückfahrt zum Gasthaus denken beide an die vermutlich begrenzte Dauer ihres Glücks. *(Kapitel 11)*

Zurück in „Hankels Ablage“, fühlt sich Lene nicht gut, sie zieht sich zurück. In ihrem Schlafraum, einer Giebelstube mit schönster Aussicht in die abendliche Natur, fühlt sie sich bald wohler. Sie empfindet Glück, obwohl sie lange auf Botho warten muss, der in der Zwischenzeit mit dem Wirt plaudert und sich von dessen anstrengender Arbeit mit den Ausflüglern berichten lässt.

Botho kommt schließlich in den Schlafraum. Lene schmiegt sich am offenen Fenster an ihn und ist sehr glücklich. *(Kapitel 12)*

Am Morgen nach der (Liebes-)Nacht sind beide früh auf und lustwandeln an der Spree, sie betrachten vorbeiziehende Schiffe und Menschen bei der Arbeit. Die Sonne scheint zwar, es ist aber ein wenig nebelig. Lene genießt ihr Glück, ist sich jedoch bewusst, dass dieses vermutlich nicht allzu lange andauern wird.

Während das Frühstück vorbereitet wird, setzen Lene und Botho ihren Spaziergang fort. Sie beobachten ein Fischerehepaar beim Schneiden von Rohr. Beim Frühstück im Freien ist Lene fasziniert von einer hübschen Magd, die mit Hingabe Küchengeschirr am Fluss scheuert. Wehmütig deutet Lene dieses Bild für sich als „Zeichen" und „Fügung" (S. 83).

Die glückliche Zweisamkeit des Paares wird zerstört durch die zufällige Ankunft der Kameraden Bothos, nämlich Pitt, Serge und Balafré. Sie sind in Begleitung ihrer „Damen", d. h. ihrer „Verhältnisse" (Frauen, die von den Männern ausgehalten werden und dafür sexuell verfügbar sind). Spielerisch stellt Balafré die Frauen vor mit Namen aus Schillers *Jungfrau von Orléans*. Botho seinerseits präsentiert Lene als Agnes Sorel, also mit dem Namen der Geliebten des französischen Königs Karl VII. Man beschließt, den Tag gemeinsam zu verbringen. In den Gesprächen mit den Frauen merkt Lene, dass diese nicht wie sie selbst mit dem Herzen dabei sind, sondern nur ihres Vorteils wegen als Geliebte der Offiziere agieren. *(Kapitel 13)*

Kapitel 14

Im 14. Kapitel wird zunächst Lenes und Bothos Rückfahrt per Zug und Droschke beschrieben. Beide sind verstimmt, müde und abgeschlagen. Lene möchte niemanden dafür verantwortlich machen – sie spürt, dass trotz ihrer gegenseitigen Liebe die Beziehung zu Ende geht. Sie bekennt Botho, dass sie glücklich mit ihm war, obwohl sie wusste, dass es für sie keine gemeinsame Zukunft gibt.

Am nächsten Tag erhält Botho einen Brief von seiner Mutter, in dem diese ihre Geldsorgen darlegt und an Botho appelliert, seine Kusine Käthe zu heiraten, um dadurch die finanziellen Schwierigkeiten zu beseitigen.

Zu Hause und später bei einem Ausritt macht Botho sich in Selbstgesprächen Gedanken und versucht, sich selbst und seine Situation realistisch einzuschätzen: Als Angehöriger der gesellschaftlichen Oberschicht hat er keinen Beruf, durch den er Lene und sich ernähren könnte. Und er hat Lene nicht die Ehe versprochen. Eine Trennung wäre also nur konsequent. Andererseits wird er sich seiner tiefen Liebe zu der einfachen und natürlichen Lene und gleichzeitig seines Widerwillens gegen die oberflächliche und unnatürliche Gesellschaft bewusst.

Zufällig reitet er an dem Gedenkstein für den Polizeipräsidenten Hinckeldey, der im Duell gestorben war, vorbei. Ihm wird klar, dass es unmöglich ist, sich gegen die gesellschaftlichen Normen durchzusetzen, und dass die jeweilige Gesellschaftsschicht das Denken und Handeln der Menschen beeinflusst.

Neidvoll beobachtet Botho die Arbeiter einer Maschinenfabrik bei der Pause. Ihre Frauen haben das Essen gebracht. Botho hält diese Leute für glücklich und folgert, dass Arbeit und Ordnung die Ehe verlangten.

Kapitel 15

Botho kündigt zunächst brieflich Lene die Notwendigkeit an, Abschied zu nehmen, dann macht er seinen Abschiedsbesuch. Sie unternehmen einen Spaziergang Richtung Wilmersdorf und erinnern sich an die Vergangenheit. Lene betont noch einmal, dass sie glücklich mit Botho war und dass geschieht, was sie vorausgesehen habe und was geschehen müsse. Botho habe ihr kein Unrecht getan. Ihn treffe keine Schuld. Es sei ihre freie Entscheidung gewesen, ihn zu lieben.

Nachdem Botho sich von der alten Frau Nimptsch verabschiedet hat, trennen Lene und Botho sich. Sie küssen sich und gehen nicht im Zorn auseinander.

Kapitel 16

Lene erhält einen Brief, der die Zeitungsmeldung über die Eheschließung Bothos und Käthes enthält. Sie spürt zwar ein bitteres Gefühl, das allerdings überlagert wird von dem Wissen um das niederträchtige Motiv des anonymen Absenders, in dem sie eine neidische Kollegin vermutet.

Im weiteren Kapitel werden Bothos und Käthes erste Tage nach der Hochzeitsreise dargestellt. Käthe lacht nahezu den ganzen Tag und findet alles komisch.

Die Wohnung der Eheleute liegt so, dass man die Wilmersdorfer Kirche sehen kann. Dadurch wird Botho an Lene erinnert. Man wohnt nicht weit auseinander. Eines Tages begegnet Lene dem jungen Paar, ohne dass dieses sie wahrnimmt. Lene ist so verstört davon, dass sie einer Ohnmacht nahe ist. Zu Hause bricht Lene schließlich zusammen. Frau Nimptsch und Frau Dörr vermuten, dass sie Botho gesehen hat.

Kapitel 17

Dreieinhalb Jahre später geht es in Bothos Ehe frohgemut zu. Er ist nicht unzufrieden, obwohl er Käthes Oberflächlichkeit erkennt. In Gedanken vergleicht er sie immer noch mit Lene, deren natürliche Art sich völlig von dem exaltierten Verhalten Käthes unterscheidet.

Lene und Frau Nimptsch sind inzwischen umgezogen. Lene wollte auf keinen Fall nochmals Botho begegnen. Sie gönnte ihm sein Glück, meinte aber nicht die Kraft zu haben, ihn nochmals zu sehen. Sie hat eine neue Wohnung am Luisenufer gefunden mit einer Feuerstelle für ihre Mutter. Frau Dörr besucht sie dort jede Woche.

Der neue Nachbar Gideon Franke, der als Meister in einer großen Maschinenfabrik arbeitet, sucht die Gesellschaft Lenes und ihrer Mutter. Er ist weitgereist, hat einige Zeit in Amerika verbracht, ist sehr fromm und hat eine Sekte gegründet.

Aus einem Gespräch zwischen Frau Nimptsch und Frau Dörr geht hervor, dass Gideon Franke Lene heiraten möchte. Diese sei nicht abgeneigt. Die Pflegemutter befürchtet aber, dass Lene ihn über ihre Vorgeschichte informieren könnte, über ihre Liebesbeziehung zu Botho also und zu einem Mann namens Kuhlwein.

Kapitel 18

Käthe trifft Vorbereitung zu einer Kur, die sie in Schlangenbad antreten soll, weil sie bisher kinderlos geblieben ist.

Am Tag vor ihrer Abreise finden sich Freunde des jungen Paares ein, um Abschied zu feiern. Die Gäste begeistern sich für die unterhaltsame Käthe, bemerken aber, dass Botho nicht ganz so zufrieden mit seiner jungen, hübschen Frau ist: Diese „dalbere" ihm zu viel, sei ihm also nicht ernsthaft genug.

Kapitel 19

Lene erzählt der schwerkranken alten Frau Nimptsch von Gideon Frankes Heiratsantrag und von ihrem Geständnis bezüglich ihrer Vergangenheit.

Als es ihrer Pflegemutter immer schlechter geht, benachrichtigt sie Frau Dörr und schließlich auch einen Arzt. Bevor dieser eintrifft, stirbt Frau Nimptsch.

Kapitel 20

Botho liest die Reisebriefe seiner Ehefrau Käthe, in denen sie erwartungsgemäß allen Klatsch über die Fahrt und die ersten Tage in Schlangenbad berichtet.

Botho ist erstaunt, als sich ein Gideon Franke bei ihm melden lässt. Botho stellt dessen korrektes Äußeres fest und erfährt, dass dieser ihn Lenes wegen zu sprechen wünscht: Gideon Franke wolle Lene heiraten und daher mehr über deren Beziehung zu dem Baron erfahren. Botho berichtet daraufhin von ihrem Kennenlernen, von ihrer Liebesbeziehung und von deren gesellschaftsbedingtem Scheitern. Dabei zeichnet Botho ein umfassendes Charakterbild Lenes, das zeigt, dass er sie immer noch liebt. Er betont ihre Natürlichkeit, ihr Selbstbewusstsein, ihr Pflichtgefühl, ihren Fleiß, ihre Offenheit und ihren Stolz, „von ihrer Hände Arbeit leben zu wollen“ (S. 145). Botho prophezeit, dass Franke „eine selten gute Frau“ (ebd.) bekomme. Dieser bedankt sich in predigerhafter Art für die guten Worte über Lene.

Am Ende dieses langen Gesprächs erfährt Botho noch, dass Frau Nimptsch drei Wochen zuvor gestorben ist.

Kapitel 21

Botho ist mit einer Droschke unterwegs zum neuen Jakobifriedhof, auf dem Frau Nimptsch begraben ist. Er hat sich an sein Versprechen erinnert, einen Immortellenkranz auf ihr Grab zu legen, und will sein Versprechen nun in die Tat umsetzen.

Kapitel 22

Nachdem er den Kranz am Grab von Frau Nimptsch niedergelegt hat, fährt Botho zurück.

In seiner Wohnung erinnert sich Botho an die Höhepunkte seiner Liebesbeziehung zu Lene, vor allem an den Aufenthalt in „Hankels Ablage“. Er nimmt den getrockneten Blumenstrauß, der mit Lenes Haar gebunden ist, und ihre Briefe aus dem Geheimfach seines Schreibtischs, wiegt die Briefe in der Hand und formuliert die Sätze, die zum Teil Titel des Romans geworden sind: „Viel Freud, viel Leid. Irrungen, Wirrungen. Das alte Lied.“ (S. 158) Botho stellt in der Erinnerung an Lene fest, dass sie die „glücklichste Mischung“ hatte, „vernünftig und leidenschaftlich zugleich“ war (S. 159). Im Rückblick erscheint ihm Lenes Charakter damit als vollkommen.

Damit die Zeugnisse seiner Liebe seinen Ehefrieden nicht stören und um mit den schmerzvollen Erinnerungen aufzuräumen, verbrennt er die Briefe Lenes und schließlich auch den trockenen Blumenstrauß im Kamin. Er spielt an auf Lenes Aussage, Haar binde, wenn er zum Ende des Kapitels fragt bzw. feststellt: „Ob ich nun frei bin? … Will ich's denn? Ich will es *nicht.* Alles Asche. Und *doch* gebunden." (S. 159) Botho weiß, dass er Lene immer noch liebt.

Kapitel 23

Botho erwartet seine junge Frau, die aus der Kur in Schlangenbad zurückkehrt. Er empfindet die Widersprüche in der menschlichen Natur und stellt fest, dass seine Frau zwar „dalbrig" sei, aber immerhin seine Frau, auf die er sich jetzt freue (S. 162).

Beim Ausreiten erinnert er sich an den so schmerzvollen Abschied von Lene. Dabei wird ihm bewusst, dass seine Beziehung zu Käthe bisher „keine rechte Freude gewesen" ist „Ein Bonbon, nicht viel mehr. Und wer kann von Süßigkeiten leben!" (S. 163)

Zufällig trifft Botho einen Offizierskollegen namens Rexin. Dieser berichtet von seinem Verhältnis zu Henriette. Er will sie zwar nicht heiraten, aber sozusagen eine Ehe ohne Trauschein führen, indem er ganz privat mit seiner Henriette zusammenlebt, ihr treu sein will, auch wenn er seiner Gesellschaftsschicht, der des Adels, verbunden bleiben möchte.

Botho rät ihm von dieser vermeintlichen Lösung ab. Rexin werde seelisch dabei zugrunde gehen. Denn irgendwann werde er seinen Frieden mit der Gesellschaft machen und darunter leide seine Liebe zu Henriette.

Kapitel 24

Käthe trifft wieder in Berlin ein. Botho findet sie unverändert „dalbrig", wenn er auch nicht unglücklich über ihre Rückkehr ist.

Kapitel 25

In ihrer oberflächlichen und zuweilen albernen Art erzählt Käthe ihrem Mann von den zurückliegenden Reiseerlebnissen.

Kapitel 26
Käthe entdeckt das Aschehäuflein vor dem Kamin. Sie vermutet richtig, dass es verbrannte Liebesbriefe sind, und lässt mit einem neuen Feuer die Asche in Rauch aufgehen.

Drei Wochen später findet in der Jakobikirche die Hochzeit von Lene und Gideon statt. Berliner Frauen sind Zuschauerinnen und kommentieren die Tatsache, dass Lene keinen Schleier trägt, indem sie auf Lenes Vergangenheit anspielen.

Als Käthe am nächsten Morgen in der Zeitung auf die Heiratsanzeige stößt, amüsiert sie sich über die ihrer Meinung nach komischen Namen. Botho versucht, in leichtem Ton zu antworten: „Was hast du nur gegen Gideon, Käthe? Gideon ist besser als Botho." (S. 182) Damit schließt der Roman.

Szene aus dem Fernsehfilm *Irrungen und Wirrungen* (BRD, 1966), Regie: Rudolf Noelte. Anders als im Roman trägt Lene einen Brautschleier. © ullstein – Heinz Köster

Textanalyse und Interpretation

1 Figuren

Lene Nimptsch als autonome Persönlichkeit

Das **Äußere** Lenes wird nur knapp angedeutet. Sie ist hübsch, schlank, blond. Sie charakterisiert sich weniger über Äußerlichkeiten als über ihr Verhalten, ihr Sprechen und ihre Lebenseinstellung. Von **Beruf** ist sie Näherin. Ihre **Herkunft** bleibt ungewiss. Sie ist nicht die leibliche Tochter der alten Frau Nimptsch, sondern ein angenommenes Kind. Es liegt nahe zu vermuten, dass sie einem „Verhältnis" entstammt, wie sie im Roman leitmotivisch beschrieben werden, also aus einer zeitweiligen Liebesbeziehung eines Adeligen mit einem Mädchen aus dem Arbeiter- oder Bürgermilieu. Mit dieser „Finesse" (vgl. *Interpretationshilfe,* S. 49 ff.) schafft Fontane es, glaubhaft zu machen, dass sie nicht wie eine unter den Mühen des Lebens leidende Proletarierin aussieht, sondern „etwas Höheres" an sich hat. Ihre Überlegenheit Botho gegenüber wird ebenso erklärlich. Um die gehobene Stellung Lenes zu unterstreichen, lässt Fontane sie auch nicht berlinern, wie es bei allen anderen Figuren ihrer Schicht üblich ist.

Einen weiteren kunstvollen Trick wendet Fontane mit der **Namengebung** an. Der Leser erfährt zunächst den Namen *Lene.* Das ist die in der Zeit übliche deutsche Kurzform von *Helene,* was auf griechisch *Helena* zurückgeht. Diesen Namen trug die schönste Frau der Antike, um deretwillen der zehnjährige Kampf um Troja ausgebrochen ist, wie Homer berichtet. Wieder charakterisiert Fontane indirekt, indem der Leser den Namen Lene mit der schönen Helena in Verbindung bringt und auch auf diese Weise die Schönheit der Hauptfigur vor Augen hat.

Erst zu Beginn des 16. Kapitels, also in der zweiten Hälfte des Romans, erfährt der Leser, dass Lene eigentlich *Magdalene* heißt (vgl. S. 108). Magdalene ist bekanntlich in der Bibel die reuige Sünderin, die zu einer engen Begleiterin Jesu bei der Kreuzigung wird. Mit dieser Anspielung charakterisiert Fontane Lene auf eine weitere Weise, indem sie mit einer Figur in Verbindung gebracht wird, die ihr Leben autonom gestaltet hat, denn diese hat es geschafft, den Weg der Sünde zu verlassen und Selbstlosigkeit und Fürsorge im Umgang mit Jesus zu praktizieren. Lene verhält sich ebenso selbstlos und fürsorglich, z. B. ihrer Mutter gegenüber.

Lene wird als fleißig („Dabei ging das Plätteisen emsig hin und her.“, S. 13), ernsthaft und pflichtbewusst beschrieben, gleichzeitig als lebenslustig, was man an ihren Freizeitunternehmungen erkennen kann. Sie verhält sich offen und ungekünstelt. Als Botho sie, ihre Freundin Lina und deren Bruder Rudolf am zweiten Ostertag vor dem herannahenden Dampfer rettet und ihr seine Begleitung anbietet, nimmt sie an, und zwar in einer Form, die ihre Schlagfertigkeit und Kommunikationskompetenz verdeutlicht: „Und da lacht' ich übermütig und sagte, ‚sie hätten uns ja gerettet und einem Retter dürfe man nichts abschlagen. […]‘“ (S. 17) Lene spürt zwar, dass sie ungewöhnlich frei gesprochen hat und sich nicht wie ein vor Scham rot werdendes kleines Mädchen verhalten hat, was vielleicht eher den Konventionen entsprochen hätte. Denn sie begründet ihr Handeln Frau Dörr gegenüber: „Ach, liebe Frau Dörr, es mag wohl nicht recht gewesen sein, gleich so freiweg zu sprechen, aber der eine gefiel mir und sich zieren und zimperlich tun, das hab ich nie gekonnt.“ (S. 17)

Die Textstelle zeigt, dass schon zu Beginn des Romans im dritten Kapitel – dem ersten, in dem Lene auftritt – dem Leser eine **selbstbewusste, vernünftig und begründet handelnde, frei und ungekünstelt sprechende junge Frau** präsentiert wird, der auch eine gewisse Sinnlichkeit eigen ist: „[…] der eine gefiel mir […]“ (S. 17). Damit beginnt ihr Verhältnis mit Botho.

Lene hat zu diesem Zeitpunkt schon eine andere, wohl auch sexuelle Beziehung zu einem Mann namens Kuhlwein gehabt. Davon erfährt der Leser erst sehr beiläufig am Ende des 17. Kapitels (vgl. S. 125).

Dass ihr **Liebesverhältnis mit Botho** nicht auf Dauer angelegt sein kann, ist Lene von Anfang an klar. Sie weiß um die Unmöglichkeit einer ehelichen Verbindung zwischen einem Adeligen und einer Näherin. Zu Frau Dörr sagt sie deshalb: „Einbilden! Ich bilde mir gar nichts ein. Wenn ich einen liebe, dann lieb ich ihn. Und das ist mir genug. Und will weiter gar nichts von ihm, nichts, gar nichts, und daß mir mein Herz so schlägt und ich die Stunden zähle bis er kommt, und nicht abwarten kann, bis er wieder da ist, das macht mich glücklich, das ist mir genug." (S. 18)

Die Textstelle zeigt eine ungewöhnliche Begabung Lenes auf: Sie **genießt das Glück des Augenblicks** sehr bewusst und verzichtet auf das, was unmöglich ist. Der Text unterstreicht ihre Einstellung mehrfach eindringlich durch die Formulierung „will weiter gar nichts von ihm, nichts, gar nichts". Das Wort „nichts" wird zweimal wiederholt und dann noch durch „gar" gesteigert. Auch „das ist mir genug" wird wiederholt und dadurch betont.

Lene ist einerseits unabhängig von dem, was die Gesellschaft fordert, sie genießt ihr Glück mit einem Adeligen. Gleichzeitig weiß sie, dass die Standesgrenzen nicht offiziell zu überwinden sind. Sie praktiziert höchste Liebe im Wissen, dass sie endlich ist. Deshalb scheitert sie nicht tragisch.

Auch Botho gegenüber **betont** sie **die Endlichkeit der Liebe:** „Glaube mir, daß ich dich habe, diese Stunde habe, das ist mein Glück. Was daraus wird, das kümmert mich nicht. Eines Tages bist du weggeflogen ..." (S. 33). Botho dagegen ist so naiv und hat so wenig Einsicht in seine Situation, dass er den Kopf schüttelt. Wenigstens in diesem Moment glaubt er an den Fortbestand der Beziehung. Lene widerspricht ihm: „Du liebst mich und bist mir treu, wenigstens bin ich in meiner Liebe kindisch und eitel genug, es mir einzubilden. Aber wegfliegen wirst du, das seh ich klar und gewiß. Du wirst es müssen. Es heißt immer, die Liebe mache blind, aber sie macht auch hell und fernsichtig." (S. 33)

Es ist ungewöhnlich, mit welcher Souveränität Lene ihre und Bothos Situation einschätzt. Sie betont, dass die Liebe sie nicht blind macht. Da ist nichts von Schwärmerei für einen adeligen Leutnant. Adel und Militär bildeten in den Jahrzehnten vor dem Ersten Weltkrieg schließlich die Spitzen der Gesellschaft. Lene ist trotz der Angehörigkeit zum untersten, dem vierten Stand, **die Überlegenere, Intelligentere.** Das wird auch in der Art, wie sie mit der Sprache umgeht, deutlich: „wenigstens bin ich in meiner Liebe kindisch und eitel genug" (ebd.). Botho ist in dieser Situation eher unbeholfen, er schüttelt den Kopf oder spricht einen Satz, der keineswegs argumentiert: „Ach, Lene, du weißt gar nicht, wie lieb ich dich habe." (ebd.) Lene weiß das sehr wohl und hat es ihm gesagt. Sie spürt aber ihre Überlegenheit in allen Bereichen: „Du liebst mich und bist schwach. Daran ist nichts zu ändern. Alle schönen Männer sind schwach und der Stärkre beherrscht sie … Und der Stärkre … ja, wer ist dieser Stärkre? Nun entweder ist's deine Mutter, oder das Gerede der Menschen, oder die Verhältnisse. Oder vielleicht alles drei …" (ebd.).

Indem Lene Bothos Situation genau analysiert und die Zukunft aufzeigt, indem sie nämlich die Verarmung seiner Familie anspricht, weswegen eine Geldheirat notwendig ist, oder indem sie die gesellschaftlichen Bedingungen erwähnt, wird sie als die Überlegene präsentiert. Dadurch muss der Leser den Eindruck haben, dass die Einteilung der gesellschaftlichen Schichten nicht mehr stimmt. Der Adel hat nicht mehr die Führungskompetenz.

Ihre Situation schätzt sie realistisch ein, wenn Lene bei einem Ausflug mit Botho das Boot *Forelle* wählt und mit einem Anflug von überlegenem Spott bemerkt: „Was sollen wir mit der Hoffnung?" (S. 69) Dass Lene auf einer spontanen Bootsfahrt besteht, zeigt außerdem ihren Übermut und ihre Unternehmungslust.

Lenes Überlegenheit zeigt sich selbst bei an sich belanglosen Tätigkeiten wie dem Blumenpflücken. Botho sieht die Blumen kaum, während Lene einen Blick für die Natur hat und nach kurzer Zeit einen Wiesenblumenstrauß gepflückt hat (vgl. S. 70 f.).

Im Nachhinein, vielleicht aufgrund seiner Erfahrungen mit seiner Frau Käthe von Sellenthin, weiß Botho Lenes Überlegenheit richtig einzuschätzen. Im Gespräch mit Gideon Franke charakterisiert er Lene, wie sie von Anfang an im Roman dargestellt wird: „Von Redensarten keine Spur, auch später nicht, was ich gleich hier hervorheben möchte. Denn so heiter und mitunter beinahe ausgelassen sie sein kann, von Natur ist sie nachdenklich, ernst und einfach." (S. 144)

Botho sieht Lenes **ambivalente Anlage,** einerseits das Heitere, Temperamentvolle, andererseits das Ernsthafte, Pflichtbewusste. Die beiden Charakterseiten kommen bei Lene jedoch nicht wie bei Effi Briest abwechselnd vor (vgl. das Schaukelmotiv in *Effi Briest),* sondern befinden sich **im Einklang.** Es macht Lenes glückliche Natur aus, dass sie ihre verschiedenen Charakteranlagen auf einen Nenner bekommt, zu einem glücklichen Ausgleich zu bringen weiß.

Deshalb kann Botho feststellen: „Sie hat einen doppelten Stolz und neben dem, von ihrer Hände Arbeit leben zu wollen, hat sie noch den andern, alles gradheraus zu sagen und keine Flausen zu machen und nichts zu vergrößern und nichts zu verkleinern." Für Gideon Franke fasst er zusammen: „Sie kriegen da eine selten gute Frau. Denn sie hat das Herz auf dem rechten Fleck und ein starkes Gefühl für Pflicht und Recht und Ordnung." (S. 145)

Botho schätzt Lene auch als **autonom** ein, als er ihren starken **Willen** betont: „Aber sie will nur, was sie glaubt verantworten zu können und wohl auch wirklich verantworten kann" (ebd.). Sie habe „sich von Jugend an daran gewöhnt, nach ihren eigenen Entschlüssen zu handeln, ohne viel Rücksicht auf die Menschen und jedenfalls ohne Furcht vor ihrem Urteil." (S. 144)

Die Begegnung mit Gideon Franke hat bei Botho die Erinnerungen an die glückliche Zeit hervorgerufen. Als er Lenes Briefe nochmals gelesen hat, stellt er fest: „Ach, sie hatte die glücklichste Mischung und war vernünftig und leidenschaftlich zugleich. Alles was sie sagte, hatte Charakter und Tiefe des Gemüts." (S. 159) Botho erkennt also das Vollkommene in Lenes Wesen. Er liebt und bewundert sie immer noch. Seine Frau Käthe findet er zwar hübsch, kann sie aber nicht so achten wie Lene.

Das **„Verhältnis"** zwischen Botho und Lene ist ganz anders als üblich. In der Regel werden solche Frauen finanziell ausgehalten und stehen dafür sexuell zur Verfügung. Die Beispiele der „Damen" von Bothos Kameraden unterstreichen das. Lene erhält keinerlei Geld von Botho. Auch von größeren Geschenken ist nicht die Rede. Sie hat immer „von ihrer Hände Arbeit leben [...] wollen" (S. 145), wie Botho betont.

Durch den Besuch in Hankels Ablage wird Lene bewusst, dass sie nicht dazu geeignet ist, lediglich die Geliebte eines Barons zu sein. Am Beispiel der Magd erkennt sie, dass ihre Bestimmung in der Arbeit liegt, einer Arbeit, die gern und freudig übernommen wird (vgl. S. 83 und *Interpretationshilfe,* S. 75).

Nach diesem Erlebnis und der Begegnung mit Bothos Kameraden und ihren Geliebten weiß Lene, dass die Beziehung zu Ende geht. Sie hat sich selbst früher als „fernsichtig" (S. 33) eingeschätzt und wusste, dass die Liebe endlich ist. Jetzt sagt sie: „Ach, mein einziger Botho, du willst es mir verbergen, aber es geht zu End'. Und rasch, ich weiß es." (S. 95)

Lene besitzt die Sensibilität, Atmosphären und Entwicklungen richtig einzuschätzen. Sie spricht dabei nicht von Ahnung, sondern betont, dass sie es *weiß.* Ihr ist damit eine Fähigkeit eigen, Wirklichkeit zu erkennen, die nicht nur auf bloßem Sehen beruht, sondern auf so etwas wie einem **sechsten Sinn** oder **Intuition.** Das lässt sich auch an dem Verhältnis zum Aberglauben belegen. Als Botho sie bittet, den Wiesenstrauß mit einem ihrer langen

Haare zu binden, gibt sie zu bedenken, dass Haar bindet. Und sie hat Recht damit. Sie entgegnet Bothos Einwand, das sei Aberglaube, der sicher von Frau Dörr komme: „Nein, die alte Frau sagt es. Und was die mir von Jugend auf gesagt hat, auch wenn es wie Aberglauben aussah, das war immer richtig." (S. 71)

Im Nachhinein erinnert sich Botho an Lenes Warnung, dass Haar bindet: „Und ich? warum bestand ich darauf? Ja, es gibt solche rätselhaften Kräfte, solche Sympathien aus Himmel oder Hölle [...]" (S. 157). Lene besitzt also die Begabung, in der Wirklichkeit auch die „rätselhaften Kräfte" zu beachten und in ihr Handeln einzubeziehen. Dadurch wird ihre Überlegenheit und Vollkommenheit noch gesteigert.

Lenes **Verbindung mit Gideon** kommt erst durch ihren Verzicht auf Botho zustande, indem sie sich den gesellschaftlichen Bedingungen fügt und ihrem großen Liebestraum entsagt. Sie achtet in Gideon den Mann, der sein Leben autonom zu gestalten weiß, der ernsthaft die Beziehung zu ihr sucht und über ihr Vorleben hinwegsehen kann, der sie als Persönlichkeit akzeptiert. Gideons Worte, er verspreche sich von Lene „eine selten gute Frau" (S. 146), und die Tatsache, dass Botho Lene noch Jahre später liebt, machen deutlich, dass beide Männer gleichermaßen Lene für eine besondere Frau halten, die ihrer Liebe würdig ist.

Zum Schluss soll nochmals Lenes **sprachliche Fähigkeit** angesprochen werden. Sie schreibt Botho Briefe, die zwar orthographische Fehler aufweisen, aber nie gegen den Geist der Sprache verstoßen (vgl. S. 37 f. und S. 158 f.). Sie sind besonders ausdrucksstark, bildreich, witzig und emotional.

Diese Sprachkompetenz oder zumindest Achtung vor der Sprache vermisst sie bei Botho. Als dieser feststellt: „[...] eigentlich ist es ganz gleich, wovon man spricht. [...] Und ‚ja' ist geradesoviel wie ‚nein'", zeigt Lene Unverständnis: „wenn alles so redensartlich ist, da wundert es mich, dass ihr solche Gesellschaften mitmacht." (S. 25)

Lenes sprachliche Aufrichtigkeit spiegelt voll und ganz ihre sonstige **Geradheit, Unverstelltheit und Offenheit** wider. Bevor sie Gideon Franke heiratet, berichtet sie ihm über ihr Vorleben in Liebesdingen. Bei der kirchlichen Hochzeit trägt sie selbstverständlich keinen Kranz, der als Symbol der Unberührtheit gilt (vgl. S. 181 und *Interpretationshilfe,* S. 78 f.).

Von allen Frauengestalten in Theodor Fontanes Werk ist Lene Nimptsch die vollkommenste, ihre Stärken sind von allen Interpreten anerkannt, wenn auch unterschiedlich gedeutet worden.

Lene Nimptsch als autonome Persönlichkeit

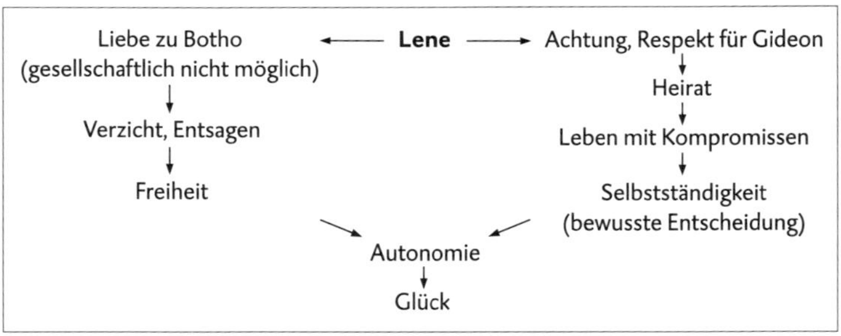

Lene Nimptsch: Aussehen, Verhalten, Charaktereigenschaften

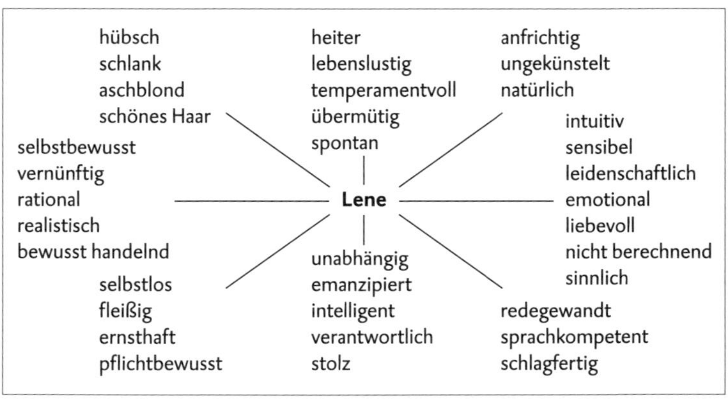

Botho von Rienäcker als (un)typischer Adeliger

Botho von Rienäcker stammt aus **verarmtem Landadel.** Er ist Freiherr und trägt den Titel Baron. Er dient in Berlin als „Premierleutnant im Kaiser-Kürassier-Regiment“ (S. 108), einem – wie der Name belegt – sehr angesehenen Regiment. Botho ist gutaussehend, groß und weiß sowohl in Uniform als auch in Zivil eine gute Figur zu machen. Seine „prächtige Fuchsstute“ ist „der Neid der Kameraden“ (S. 99). Teure Gemälde zieren seine elegant eingerichtete Wohnung (vgl. S. 34). Er hat natürlich Personal: Bursche, Köchin, Zimmermädchen (vgl. S. 160).

Der auktoriale Erzähler teilt mit, dass Bothos Einrichtung „seine Mittel ziemlich erheblich“ (S. 34) übersteigt. Er macht also Schulden. Das wissen auch seine Kameraden: Rienäcker „hat 9 000 jährlich und gibt 12 000 aus“ (S. 51). Von seiner Mutter, die Witwe ist und ihr Landgut nicht so verwaltet, dass es hohe Erträge abwirft, kann er kein Geld erwarten – muss doch die Mutter sich selber verschulden, um existieren zu können.

Botho von Rienäcker ist **so gut wie verlobt,** und zwar **mit seiner reichen Kusine Käthe von Sellenthin.** Diese Verbindung war von den Eltern verabredet worden, als Käthe und Botho noch Kinder waren (vgl. S. 47). Da Botho sich inzwischen in die Näherin Lene Nimptsch verliebt hat, möchte er der Verpflichtung Käthe gegenüber ausweichen.

Im Gegensatz zu Lene analysiert er seine Situation nicht rational. Einerseits ist seine Liebe zu Lene so stark, dass er sie heiraten möchte („seine Weißzeugdame zur weißen Dame erheben“, S. 52). Andererseits geht er mit Lene nicht in die Öffentlichkeit. Die Spaziergänge finden im Verborgenen statt (vgl. Kapitel 5), auch der Ausflug nach Hankels Ablage erfolgt fern der Gesellschaft. Botho ist **hin- und hergerissen zwischen seiner Liebe und seinen Verpflichtungen der Gesellschaft gegenüber.** Die Kameraden schätzen ihn als „schwach und bestimmbar und von einer seltenen Weichheit und Herzensgüte“ (S. 52) ein.

Im **Umgang mit dem unteren Stande** ist er recht leutselig und aufgeschlossen. Der Platz an der Feuerstelle neben Frau Nimptsch ist ihm der beste: „Ich kenne keinen Herd, auf den ich so gern sähe; immer Feuer, immer Wärme. Ja, Mutterchen, es ist so; hier ist es am besten." (S. 21) Die freundliche, undistanzierte Haltung einfachen Leuten gegenüber zeigt sich ebenso im Gespräch mit dem Wirt in Hankels Ablage (vgl. S. 74–78), wobei er so selbstvergessen ist, dass ihm nicht bewusst ist, Lene könnte auf ihn warten. Er verplaudert sich, fast kann er als geschwätzig angesehen werden: „Und nun lassen Sie uns anstoßen, ja auf was? Auf das Wohl von Hankels Ablage." (S. 74) Auch im Gespräch mit dem Gärtner Dörr wirkt er anbiedernd und redselig: „Herr Dörr, mein alter Freund und Gönner. Hören Sie, Dörr, was sagen Sie zu dem Wetter? Eigens für Sie bestellt und für mich mit. Meine Wiesen zu Hause, die vier Jahre von fünf immer unter Wasser stehen und nichts bringen als Ranunkeln, die können solch Wetter brauchen. Und Lene kann's auch brauchen, daß sie mehr draußen ist; sie wird mir sonst zu blaß." (S. 20)

In solchen Formulierungen scheint er sich mit seinen Gesprächspartnern auf eine Stufe zu stellen, er benutzt **oberflächliche Floskeln,** die gut gemeint sind, aber kaum auf das jeweilige Gegenüber eingehen. Wenn er dann noch die typische Konversation in Adelskreisen nachmacht, wundert sich Lene: „Und so sprecht ihr! […] wenn alles so redensartlich ist, da wundert es mich, daß ihr solche Gesellschaften mitmacht." (S. 24 f.)

Untergebenen gegenüber vertritt Botho also die typisch leutselige Art der Adeligen. Im **Gespräch mit Gideon Franke** ist davon nichts mehr zu erkennen (vgl. S. 142–147). Hier formuliert der Baron nicht mehr redensartlich mit Worthülsen, sondern **einfach, offen und präzise.** Scheinbar hat der Umgang mit Lene, auch wenn er relativ kurz war, positive Auswirkungen auf Bothos Sprachgebrauch. Der Adelige lernt vom Mädchen aus dem vierten Stand!

Als Botho sich entscheiden muss, ob er Käthe heiratet oder die Liebesbeziehung zu Lene beibehält, wird sein **schwankender Charakter** besonders sichtbar. Der Brief der Mutter (S. 96–99) macht ihm deutlich, dass ihm nichts anderes übrig bleibt, als Käthe zu heiraten, und zwar unverzüglich. Mutter und Onkel halten Botho für nicht praktisch und lebensklug. Deshalb raten sie ihm zu der reichen Heirat.

Der Brief führt zu einer **bitteren Selbstanalyse:** „Wer bin ich? Durchschnittsmensch aus der sogenannten Obersphäre der Gesellschaft. Und was kann ich? Ich kann ein Pferd stallmeistern, einen Kapaun tranchieren und ein jeu machen. Das ist alles und so hab ich denn die Wahl zwischen Kunstreiter, Oberkellner und Croupier. [...]" (S. 99)

Botho wird sich dessen bewusst, dass er außerhalb seiner Offizierstätigkeit nichts kann, um sich und seine Frau zu ernähren. Er macht sich auch klar, warum er Lene nicht heiraten will, obwohl er frei ist, das zu tun. Er hat Lene nicht die Ehe versprochen und er weiß, dass diese eine Heirat auch nicht erwartet: „Und doch säume und schwanke ich, *das* eine zu tun, was durchaus getan werden muß. Und weshalb säume ich? Woher diese Schwankungen und Vertagungen? Törichte Frage. Weil ich sie liebe." (S. 100)

Die Formulierung „was durchaus getan werden muß" ist aufschlussreich. Botho weiß, dass seine Lage und auch die finanzielle Situation seiner Mutter ihn zwingen, Käthe zu heiraten. Aber er spürt seine Liebe zu Lene. Er wiederholt noch einmal: „Weil ich sie liebe! Ja. Und warum soll ich mich dieser Neigung schämen? Das Gefühl ist souverän und die Tatsache, daß man liebt, ist auch das Recht dazu, möge die Welt noch so sehr den Kopf darüber schütteln oder von Rätsel sprechen [...] Und dies Beste heißt mir Einfachheit, Wahrheit, Natürlichkeit. Das alles hat Lene, damit hat sie mir's angetan, da liegt der Zauber, aus dem mich zu lösen, mir jetzt so schwer fällt." (S. 100)

Botho weiß also einerseits, dass ihm nichts anderes übrig bleibt, als Käthe zu heiraten, obwohl er sie nicht liebt. Sie bedeutet lediglich finanzielle Absicherung und standesgemäßes Leben. Dagegen steht die Liebe zu Lene, und das ist untypisch für einen Adeligen seiner Zeit, die Liebe zu „Einfachheit, Wahrheit, Natürlichkeit". Er durchschaut die Hohlheit der Gesellschaft, der er angehört: „Ich hab eine Gleichgültigkeit gegen den Salon und einen Widerwillen gegen alles Unwahre, Geschraubte, Zurechtgemachte. Chic, Tournüre, Savoir-faire – mir alles ebenso hässliche wie fremde Wörter." (S. 101)

Die Verächtlichkeit ist groß, weil er das Überholte, das Nichtmehr-Zeitgemäße des Adels spürt, das sich in künstlicher Art und Weise zu behaupten sucht. Trotz seiner zutreffenden Analyse, seiner **Verachtung der Adelsgesellschaft,** kann Botho sich jedoch nicht dazu durchringen, sich zu Lene zu bekennen.

Kurze Zeit nach seinem Selbstgespräch zu Pferde trifft er auf das Denkmal Ludwig von Hinckeldeys, der sich gegen seine eigene Adelsschicht aufgelehnt hat und im Duell gefallen ist. Botho glaubt aus dessen Geschichte ablesen zu können, „daß das Herkommen unser Tun bestimmt" (S. 102). Der nächste Satz bietet eine Erklärung dafür, dass Botho sich schließlich gegen ein Leben mit Lene entscheidet, obwohl er fühlt und weiß, dass er sie liebt: „Wer ihm [dem Herkommen] gehorcht, kann zugrunde gehn, aber er geht besser zugrunde als der, der ihm widerspricht." (S. 102) Es geht Botho besser, d. h. wirtschaftlich besser, er lebt im Wohlstand, wenn er Käthe heiratet. **Das Bedürfnis nach Annehmlichkeit siegt** also **über die Liebe.** Er zieht die Mühelosigkeit, das Sich-nicht-anstrengen-Müssen, das Wohlleben vor und heiratet eine Frau, die er nicht liebt, sogar ein wenig verachtet: Sie „dalbert" ihm zu viel, hat also nicht Lenes Natürlichkeit, sondern eine alberne Lächerlichkeit.

Botho verlässt den Weg der klaren Selbstanalyse. Bezeichnenderweise steht im Text: „warf er sein Pferd herum" (S. 102). Er will den Weg der Bequemlichkeit gehen und handelt im weiteren recht irrational. Die Wirklichkeit biegt er sich so zurecht, bis sie ihm passt. Als er bei seinem Ritt in die Nähe einer großen Maschinenfabrik kommt, sieht er die Arbeiter bei ihrer Mittagspause mit ihren Frauen, die ihnen das Mittagessen gebracht haben. Botho hat kaum eine Vorstellung von der harten und langen Arbeit in einer lärmenden, stinkigen Fabrik. Er ist „entzückt von dem Bilde, das sich ihm bot, und mit einem Anfluge von Neid sah er auf die Gruppe glücklicher Menschen" (S. 102). Diese Formulierungen sind so übertrieben, dass Fontanes Ironie leicht erkennbar ist. Botho durchschaut die scheinbare Idylle genauso wenig, wie er seine Zukunft richtig einschätzt. Er hält Ehe für Ordnung, fragt nach seiner Ordnung und kommt zu dem Schluss: **Ordnung ist Ehe.** Lene sehe das sicherlich ebenso (vgl. S. 102 f.).

Auf diese Weise trifft Botho seine Entscheidung, Käthe zu heiraten. Nicht Liebe, sondern der Wunsch nach Wohlleben ist ausschlaggebend.

Immerhin nimmt Botho liebevoll Abschied von Lene. Diese betont: „Ich hab es so kommen sehn, von Anfang an, und es geschieht nur, was muss." (S. 105) Auch Lene erkennt die gesellschaftlichen Forderungen an, aber nicht, um dadurch Vorteile zu haben, sondern aus Einsicht, daß man die gesellschaftlichen Schranken (noch) nicht überwinden kann. Sie tröstet Botho: „Und eines Tages bist du wieder glücklich und vielleicht ich auch." (ebd.)

Doch Botho wird **nicht glücklich.** Er söhnt sich zwar mit seinem Schicksal aus: „Unser Herz hat Platz für allerlei Widersprüche ... Sie dalbert, nun ja, aber eine dalbrige junge Frau ist immer noch besser als keine." Er weiß also, dass er mit Widersprüchen lebt, und findet sich damit ab. Aber er weiß auch, dass sein Leben mit Käthe „keine rechte Freude" ist. „Ein Bonbon, nicht viel mehr. Und wer kann von Süßigkeiten leben!" (S. 162 f.)

Ein vernichtendes Urteil! Botho hat durch seinen Hang zum guten Leben im Ausgleich mit der Gesellschaft sein Glück geopfert. Nach außen hin ist sein Leben das eines typischen Adeligen seiner Zeit, da er aber die Hohlheit und Unnatürlichkeit seiner Schicht erkennt, ist er **emotional tragisch gescheitert.**

Botho steckt in dem Dilemma, dass er Lene immer noch liebt. Das Gespräch mit Gideon Franke zeigt ihm das besonders deutlich auf. Als er im Anschluss daran Lenes Briefe und den trockenen Blumenstrauß, der mit Lenes Haar gebunden ist, verbrennt, um Dinge zu beseitigen, die „Unruhe stiften und mir mein bißchen Glück und meinen Ehefrieden kosten" könnten, fragt er sich: „Ob ich nun frei bin? ... Will ich's denn? Ich will es *nicht.* Alles Asche! Und *doch* gebunden." (S. 158 f.)

Botho ist einerseits der typische Adelige, der seinem Stand entsprechend lebt. Andererseits liebt er das Einfache, Wahre, Natürliche – darin ist er ein untypischer Vertreter seines Standes. Er ist sich in seiner unvergänglichen Liebe zu Lene selbst treu, verrät aber seinen nicht adelskonformen Hang zum Ungekünstelten, indem er die „dalbrige" Käthe heiratet.

Der lange Weg zum Jakobifriedhof, den Botho bei großer Hitze auf sich nimmt, um der alten Frau Nimptsch, die dort begraben liegt, den versprochenen Immortellenkranz zu bringen, gleicht fast einer Pilgerfahrt auf dem Weg nach Santiago di Compostela (vgl. Kap. 10 und 21). Darin werden das **Weiche seines Charakters** und eine **Treue zum gegebenen Wort** deutlich, die auch eher untypisch für den schneidigen Adeligen seiner Zeit sind.

Botho von Rienäcker ist **widersprüchlich** und nicht mit sich im Reinen, er hat seine Identität nicht gefunden. Darin ist er das genaue Gegenteil zu Lene. Nicht umsonst heißt Botho bei seinen Kameraden *Gaston,* der mit der Maske. Lene erscheint der Name durchaus passend: „Du hast auch eine Maske." (S. 62) Botho erscheint also in verschiedenen Rollen. Er ist sich aber selbst nicht klar, welche Rolle er spielen soll. Er geht weder in der Rolle des typischen Adeligen auf noch in der desjenigen, der alles durchschaut und seine Konsequenzen zieht.

Lene erkennt analytisch und intuitiv das Widersprüchliche in Bothos Leben: „Man muß allem ehrlich ins Gesicht sehn und sich nichts weismachen lassen und vor allem sich selber nichts weismachen.“ (S. 34) Gerade Botho war einerseits zur Analyse seiner Lage fähig, andererseits hat er sich „was weisgemacht“. Er redet sich ein, „daß das Herkommen unser Tun bestimmt“ (S. 102). Deshalb prophezeit Lene, dass Botho sich nicht frei entscheiden kann: „Ihr kennt ja nur euch und euren Klub und euer Leben. Ach, das arme bißchen Leben.“ (S. 34) Lene weiß um das oberflächliche Leben im Klub.

Auch Botho hat einen **Hang zum Oberflächlichen.** Er liest Zeitungen, die man bei ihm nicht vermutet hätte, die aber seinem Lieblingssatz „Schnack gehe vor Politik“ entsprechen, also erfundene Klatschgeschichten enthalten (vgl. S. 35). Klatsch als „geistiger Sport“ (S. 162 f.) bedingt natürlich auch eine unpolitische Haltung, wie sie Botho etwa im Gespräch mit dem Onkel im siebten Kapitel offenbart.

Aufgrund der widersprüchlichen Einstellung zum Leben und zu der Gesellschaftsschicht, der er angehört, ist Botho **nicht er selbst.** In dem selbstironischen Schlusssatz des Romans wird das deutlich: „Gideon ist besser als Botho.“ (S. 182)

Botho von Rienäcker: Aussehen, Verhalten, Charaktereigenschaften

gutaussehend
charmant
geschmackvoll
Anhänger des bequemen, standesgemäßen Lebens

leutselig
redensartlich
z. T. geschwätzig
aufgeschlossen gegenüber anderen Gesellschaftsschichten

liebevoll (zu Lene)
zuverlässig, treu (Immortellenkranz)
Bewunderer des Einfachen, Natürlichen, Wahren

Botho

wenig entscheidungsfreudig
konfliktscheu (Rexin)
z. T. oberflächlich
unpolitisch (Onkel Osten)
schwach, bestimmbar
weich, gütig

widersprüchlich, hin- und hergerissen in seiner Meinung
der Mann mit der Maske (Gaston): spielt verschiedene Rollen
Verachter und gleichzeitig Nutznießer der Adelsgesellschaft
emotional gescheitert im Leben („keine rechte Freude")

Gideon Franke als selbstbewusster Mann

Gideon taucht im Kapitel 17 zum ersten Mal auf. Er ist als Mieter in die Wohnung neben Frau Nimptsch und Lene eingezogen und versprach, „von Anfang an auf gute Nachbarschaft haltend, bald noch mehr als ein guter Nachbar zu werden" (S. 123). Der Erzähler stellt ihn vor: Er ist „ein ordentlicher und gebildeter Mann, von nicht gerade feinen, aber sehr anständigen Manieren", der zu unterhalten weiß, kommunale Strukturen kennt und weit gereist ist. Er ist Konventikler, d. h. Mitglied einer religiösen Vereinigung, und hat „eine selbständige Sekte gestiftet". Von Beruf ist er Werkmeister, er ist Vorgesetzter von rund 100 Arbeitern und bezieht nach Aussage von Frau Nimptsch ein gutes Gehalt. Er interessiert sich für Lene und möchte diese schließlich heiraten. Lene ist auch bereit, mit dem deutlich Älteren („Fuffzig jute hat er doch woll auf'n Puckel […]", S. 181) die Ehe einzugehen. Dass er nicht der erste Mann in ihrem Leben ist, stört ihn nicht. Er ist selbstsicher genug, darüber wegsehen zu können.

Im Gespräch mit Botho von Rienäcker werden sein Verhalten und sein Charakter besonders gut verdeutlicht. Bei seinem Besuch gibt sich Gideon Franke sehr korrekt, fast spießbürgerlich steif. Formulierungen wie „übermäßig blanke Stiefel" und „hohe Vatermörder von untadliger Weiße" (S. 142) lassen den liebevollen Spott des Erzählers erkennen. Botho bemerkt sofort das Wohlwollende in Frankes Auftreten und in seinen Worten. Die beiden verstehen sich gut, auch wenn Botho über den predigerhaften Ton etwas verwundert ist (vgl. S. 146 f.).

Gideon tritt sehr selbstbewusst auf. Er gibt zu verstehen, dass er sich über die Normen der Gesellschaft hinwegsetzen und Lene trotz ihrer beiden früheren Liebschaften heiraten will. Im feierlichen Bibelstil verkündet er seine Grundsätze: „Ja, Herr Baron, auf die Proppertät kommt es an und auf die Honnettität kommt es an und auf die Reellität. Und auch im Ehestande. Denn ehrlich währt am längsten und Wort und Verlaß muß sein. Aber was gewesen ist, das ist gewesen, das gehört vor Gott. [...] Ja, Herr Baron, es gibt viele Wege, die zu Gott führen, und es gibt viele Wege, die zu Glück führen, dessen bin ich in meinem Herzen gleicherweise gewiss." (S. 146 f.)

Franke ist also ein toleranter Mann, der sich auf der Basis des Christentums eigene Gedanken macht, wobei er auch sein Herz bzw. sein Gewissen berücksichtigt. Ist er von etwas überzeugt, interessiert ihn nicht mehr, was die Gesellschaft dazu meint. Während diese meist nur einen Weg normiert, ist Franke offen und hält mehrere Wege für möglich, wenn man sie verantworten kann und sie den Grundsätzen der Wahrheit, Ehrlichkeit und Zuverlässigkeit entsprechen (vgl. S. 147).

Botho von Rienäcker weiß, dass Gideon Franke Recht hat, auch wenn dieser in seinem Auftreten und seinen Worten etwas komisch wirkt, ja fast als Sonderling erscheint. Wenn er am Ende des Romans sagt: „Gideon ist besser als Botho" (S. 182), liegt darin auch eine ehrliche Anerkennung für Gideon, der sich selbstbewusst-emanzipiert über die Normen der Gesellschaft hinwegsetzen konnte und eine Frau mit einem Vorleben geheiratet hat. Er, Botho, hat es nicht geschafft, zu seiner Liebe zu stehen. Deshalb findet er Gideon besser als sich, auch wenn diese Formulierung Käthe gegenüber nur auf die Namen bezogen ist.

Gideon Franke als selbstbewusster Mann

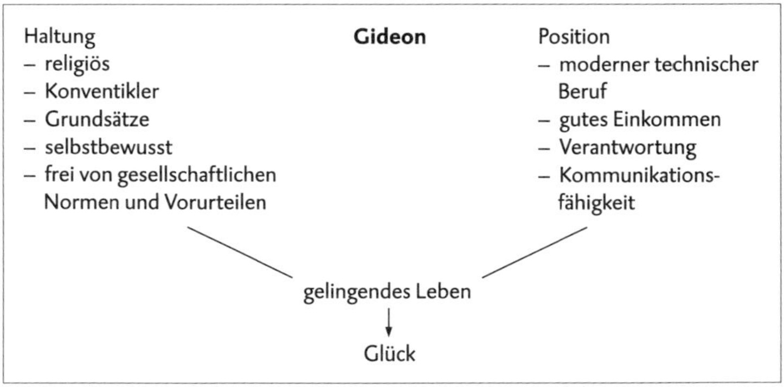

Gideon Franke: Aussehen, Verhalten, Charaktereigenschaften

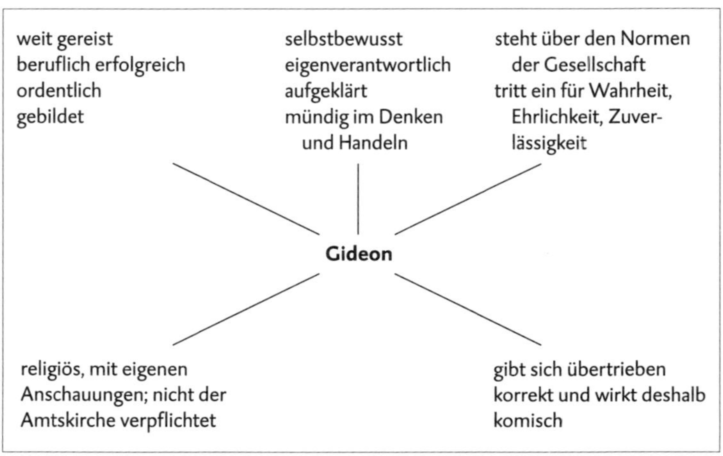

Käthe von Sellenthin als „dalbernde“ Schönheit

Die knapp 22-jährige Käthe stammt wie Botho, ihr Cousin und späterer Ehemann, aus preußischem Landadel. Sie wird zum ersten Mal im siebten Kapitel erwähnt. Bothos Onkel Osten stellt sie vor: „... 'ne beßre findest du nicht, Zähne wie Perlen und lacht immer, daß man die ganze Schnur sieht. Eine Flachsblondine zum Küssen [...]“ (S. 46). Ihre und Bothos Eltern haben eine Ehe der beiden schon vor Jahren verabredet, Botho ist daher „so gut wie gebunden“ an sie (S. 46 f.).

Käthe ist eine allseits anerkannte Schönheit mit betont guter Laune. Auch Bothos Kameraden rühmen ihr Aussehen: „Wundervolle Flachsblondine mit Vergißmeinnichtaugen.“ (S. 52) Man habe sie mit 14 Jahren schon umworben, weil sie der „reizendste Backfisch“ gewesen sei. Mit großer Anerkennung sprechen die Kameraden auch von Käthes Reichtum.

Käthe ist also das, was man eine gute Partie nennt: charmant, schön, reich. Warum zögert Botho, sie zu heiraten? – Sie hat keine Persönlichkeit, ihre gute Laune ist übertrieben. Sie lacht nicht nur viel, sondern auch da, wo nichts zu lachen ist.

Käthe grämt sich nicht, dass sie keinen Nachwuchs bekommt: „Sie lebte so gern und fand an Putz und Plaudern, an Reiten und Fahren ein so volles Genüge, daß sie vor einer Veränderung ihrer Häuslichkeit eher erschrak, als sie herbeiwünschte.“ (S. 116) Botho missbilligt zuweilen ihre Oberflächlichkeit, mit ihr sei „kein ernstes Wort zu reden“ (S. 117). Er findet sie übertrieben unterhaltsam. Sie wisse nicht „zwischen wichtigen und unwichtigen Dingen zu unterscheiden“ (ebd.). Aufgrund der unechten Heiterkeit und ihres Lieblingswortes „komisch“ (vgl. u. a. S. 177 f., S. 181 f.) spricht Botho in Bezug auf Käthe von „dalbern“ (u. a. S. 162). Sie ist ihm zu dalbrig. Das Leben mit ihr ist ihm „keine rechte Freude gewesen. Ein Bonbon, nicht viel mehr.“ (S. 163) Diese vernichtende Einschätzung zeigt, dass selbst Botho, der auch zur Oberflächlichkeit neigt, seine Frau treffend einschätzt.

Käthe steht in dem Roman *Irrungen, Wirrungen* für die junge Adelige, die in den Tag hineinlebt, keine Verantwortung übernehmen will, nur Interesse an Vergnügungen, schönen Kleidern und Äußerlichkeiten hat. Käthe lebt fremdbestimmt von der Adelsgesellschaft und ist damit das genaue **Gegenteil von Lene,** die zwar auch schön ist, aber verantwortlich, fürsorglich und autonom lebt. Durch diese Gegenüberstellung der beiden Frauen gelingt Fontane eine glaubwürdige Gesellschaftskritik: Der Adel hat seine Führungsrolle verspielt, vielfach sind die Mitglieder unterer Gesellschaftsschichten dem Adel in ihrer Intelligenz, ihrer ethischen Haltung und ihrer Persönlichkeit überlegen.

Gegenüberstellung Lene – Käthe

Lene	**Käthe**
schön, blond	schön, blond
sinnlich	sexuelle Interessen unerwähnt
verantwortlich	oberflächlich
fürsorglich	vergnügungssüchtig
selbstbewusst	„dalbrig“
autonom	fremdbestimmt
ernsthaft, vernünftig	gute Laune: lacht immer
pflichtbewusst	übertrieben heiter, charmant
arm (Arbeit)	reich (Erbe)

Leser erkennt Hohlheit des Adels

↓

Fontanes Gesellschaftskritik

Die Nebenfiguren in ihrer liebevoll-ironischen Darstellung: Frau Nimptsch, Frau Dörr, Herr Dörr, Onkel Osten

Frau Nimptsch steht in dem Roman für das Mütterliche. Selbst Botho nennt sie „Mutterchen" (S. 21). Sie sitzt immer an ihrer Feuerstelle, die die mütterliche Wärme symbolisiert. Ihren Lebensunterhalt hat sie als „Wasch- und Plättefrau" (ebd.) verdient – ein anstrengendes Leben, das sicherlich eine sparsame Haushaltsführung erforderte.

Die alte Frau Nimptsch denkt viel an den Tod; Begräbnisse sind ihr Lieblingsthema. Wenn der Erzähler ihre Redebeiträge auch mal mit „simperte die Alte noch einmal vor sich hin" (S. 21) kommentiert, ist sie doch geistig nicht unbeweglich, wie ihr Gespräch mit Frau Dörr im ersten Kapitel dokumentiert. Ihrer Pflegetochter Lene gegenüber ist sie verständnisvoll und sie billigt deren Liebesverhältnis mit Botho (vgl. S. 17 f.). Nichts weist im Roman darauf hin, dass sie selbst verheiratet war.

Frau Nimptsch ist die einfache, fürsorgliche Frau aus der Unterschicht mit einer humanen Haltung. Ihre Marotte, oft vom Tod zu sprechen, wird vom Erzähler liebevoll gestaltet.

Frau Dörr ist eine große, stattliche Frau mit schlechter Figur („die Hüften eine Hand breit zu hoch", S. 30). Mit dem Gärtnereibesitzer Dörr ist sie eine Versorgungsehe eingegangen. In ihrer Jugend war sie die Geliebte eines Grafen und ist deshalb an Lenes Verhältnis mit Botho besonders interessiert. Sie ist redegewandt, schlagfertig und liebt erotische Anspielungen („Der Strunk ist eigentlich das Beste, da sitzt die Kraft drin. Und die Kraft ist immer die Hauptsache." S. 14). Sie ist eine typische Berlinerin, die witzig formulieren kann. Zuweilen lässt sie erkennen, dass ihr Mann mit seinen 56 Jahren geschlechtlich sehr aktiv ist („wenn er man nich so zärtlich wäre", S. 14). Frau Nimptsch und Lene gegenüber ist sie sehr fürsorglich. Sie besucht nach deren Umzug die alte Frau Nimptsch wöchentlich, gibt Ratschläge und ist beim Tod der Alten anwesend.

Frau Dörr hat ein durchaus realistisches Weltbild. Sie weiß sich ihre eigene Meinung zu bilden und durchschaut die gesellschaftlichen Verhältnisse („aber so'n gutes Kind, das alles ernsthaft nimmt und alles aus Liebe tut, ja *das* ist schlimm", S. 6). Andererseits neigt sie dazu, sich Illusionen zu machen, wenn sie sich z. B. mit der schönen Lene vergleicht („ ich war ja woll eigentlich größer und anziehlicher als die Lene, un wenn ich auch nicht hübscher war", S. 5 f.). Sie kennt keine Selbstzweifel, ist von sich überzeugt und handelt – auch aufgrund ihrer mangelnden Intelligenz – manchmal rücksichtslos und egoistisch. Andererseits ist sie offen und ehrlich, z. B. verachtet sie die versuchten Betrügereien ihres Mannes (vgl. S. 14).

Für Botho von Rienäcker schwärmt sie fast („Nei, so war meiner nich.", S. 7). In ihrer Einfalt ist sie geschmeichelt, wenn Botho ihr in einer gespielten Tischunterhaltung unter Adeligen die Rolle einer Baronin gibt: „Die Dörr schlug vor Entzücken mit der Hand aufs Knie, daß es einen lauten Puff gab …" (S. 25). Sie fühlt sich als Baronin, handelt aber nicht so. In ihrem Wesen ist viel Widersprüchliches, das der Erzähler jedoch liebevoll sieht: Bei einem Spaziergang mit Lene und Botho in der Einsamkeit nach Wilmersdorf trägt sie „einen prachtvollen Hut" (S. 54). Sie putzt sich also völlig unangebracht heraus und wirkt so ein wenig lächerlich. Botho schätzt Frau Dörr aufgrund ihrer Liebenswürdigkeit, ihres Berliner Witzes und ihrer Ehrlichkeit, ihr Auftreten in der Öffentlichkeit aber hält er für peinlich: Sie „ist unbezahlbar, aber nicht unter Menschen. Unter Menschen ist sie bloß komische Figur und eine Verlegenheit" (S. 66).

Auch der Erzähler spricht das Widerspruchsvolle in Frau Dörrs Charakter an: Eine Frau, „die neben dem Eindruck des Gütigen und Zuverlässigen, zugleich den einer besonderen Beschränktheit machte" (S. 4).

Herr Dörr wird recht anschaulich von seiner Frau beschrieben: „Schrumplich is er man, aber von links her hat er so was Borsdorfriges.“ (S. 9) Indem Frau Dörr ihren Mann mit einem schrumpligen Apfel mit rauer Schale vergleicht, macht sie sich einerseits über ihn lustig, andererseits erkennt sie ihn als etwas unter der Schale Wertvolles an. Auf ganz ähnlich liebevoll-ironische Weise wird Herr Dörr vom Erzähler beschrieben: „Mager, mittelgroß und mit fünf grauen Haarsträhnen über Kopf und Stirn, wär' er eine vollkommene Trivialerscheinung gewesen, wenn ihm nicht eine zwischen Augenwinkel und linker Schläfe sitzende Pocke was Apartes gegeben hätte.“ (S. 9)

Dörr, „der, wie alle Geizhälse, mitunter etwas lächerlich Teures kaufte“ (S. 54), ist auf seinen eigenen Vorteil bedacht und bietet seine Ware auf dem Markt nicht immer korrekt an (vgl. S. 9 und 12). In seiner Gärtnerei baut er gewöhnliche Dinge an: „alles Feinere fehlte.“ (S. 8)

Da er ein großer Hühnerfreund ist und seine Lieblinge überall scharren dürfen, macht das Anwesen einen unordentlichen Eindruck. Besonders liebt er seinen Hahn (vgl. S. 10). Man könnte meinen, dass er sich selbst in diesem Wesen sieht, wozu seine sexuelle Aktivität passt. Er liebt seine Frau trotz ihrer Vergangenheit. Er hält sie für schön und ihr früheres Verhältnis mit dem Grafen sieht er als „Vollbeweis ihrer Unwiderstehlichkeit“ (S. 9).

Der Text stellt – wie zusammenfassend – fest: „Er war überhaupt ein Original, von ganz selbständigen Anschauungen und einer entschiedenen Gleichgültigkeit gegen das, was über ihn gesagt wurde.“ (S. 8 f.)

Kurt Anton Baron von Osten kündigt sich brieflich bei seinem Neffen Botho an (vgl. S. 36). Der Brief lässt schon erkennen, dass er ein eigenständiges witziges Original ist. Er bittet Botho zu einem Frühstück bei Hiller, einem vornehmen Restaurant. Botho nimmt noch einen Kameraden, Leutnant von Wedell, zu diesem Treffen mit, vermutlich um dem dominanten Onkel nicht allein ausgesetzt zu sein.

Der Onkel ist erfreut über weitere Gesellschaft, er gibt sich großzügig und bestellt ein luxuriöses Frühstück mit erlesenen Weinen und Champagner. Das Gespräch offenbart Bothos Abhängigkeit vom Onkel. Wenn er nicht völlig dessen Meinung ist („Gewiß, man kann es sagen.“, S. 43), poltert der Onkel los, wobei sein kahler Kopf rot wird. Er schimpft vor allem über Bismarck, der ein Federfuchser sei und nichts könne, als Telegramme zu schreiben (Anspielung auf die Emser Depesche, die Auslöser für den deutsch-französischen Krieg 1870/71 war).

Dem Onkel wird bei dem Gespräch immer heißer, er verflucht die Berliner Luft als stickig. Schließlich findet er eine Gelegenheit, Botho an seine geplante Verheiratung mit Käthe von Sellenthin zu erinnern. Durch diese Heirat könnten sich Botho und seine Mutter aus ihrer finanziellen Misere und der Abhängigkeit vom Onkel befreien, welcher Botho als „nicht praktisch und lebensklug genug“, die Mutter als „nicht wirtschaftlich und anspruchslos genug“ einschätzt (S. 96 f.). Als der Onkel glaubt, Bothos Einverständnis zu der Heirat zu haben, wird er wieder umgänglich und bestellt weiteren Champagner: „Einen Heidsieck. Beste Marke.“ (S. 47)

Bothos Mutter kennt ihren Bruder sehr genau. Sie bezeichnet ihn als einen „Mann von einem sehr feinen Rechts- und Billigkeitsgefühl“ und als großzügig („gentil“) in Geldangelegenheiten, verweist aber auch auf „seine Launen und Eigenwilligkeiten“ (S. 97).

Onkel Osten stellt mit seiner gutmütigen, trotzdem erregbaren und cholerischen Art den Typ des märkischen Junkers dar, der frei und selbstbewusst lebt. Er gehört zum erzkonservativen Landadel, der in politischen, beruflichen wie privaten Angelegenheiten eine zutiefst autoritäre Haltung vertritt („ich dulde kein aber“, S. 43; „Hab ich recht? Natürlich. Abgemacht.“, S. 47).

2 Erzählweise

Am 14. Juli 1887, kurz vor Beginn des Zeitungsabdrucks von *Irrungen, Wirrungen*, weist Fontane in einem Brief an den Verleger Emil Dominik darauf hin, wie kunstfertig und durchkomponiert er den Roman angelegt habe: Dem Leser falle es schwer, „auf die tausend Finessen zu achten, die ich dieser von mir besonders geliebten Arbeit mit auf den Lebensweg gegeben habe“[10]. Im Folgenden soll zumindest ein kleiner Teil dieser „tausend Finessen“ aufgezeigt werden.

Aufbau

Auffällig ist der **zweiteilige Aufbau** des Romans. Den ersten Teil bilden die **Kapitel 1 bis 10,** in denen die Liebesgeschichte zwischen Lene und Botho beginnt und sich entwickelt. Der Leser lernt die Lebensumstände der Protagonisten kennen. Die **Kapitel 11 bis 13** behandeln den Ausflug nach Hankels Ablage, sie sind **Höhe- und Wendepunkt der Liebesgeschichte.** In der scheinbaren Idylle von Hankels Ablage tritt von allen Seiten die Bedrohung für das Liebespaar hervor. Die **Kapitel 14 bis 26** bilden den zweiten Teil, der von der Trennung des Paares und den neuen Verbindungen Lenes und Bothos mit Gideon Franke bzw. Käthe von Sellenthin handelt.

Geht man davon aus, dass die Liebesgeschichte erst am Ende des 13. Kapitels bzw. zu Beginn des 14. Kapitels „kippt“ (Störung des Paares durch Bothos Kameraden, Rückfahrt, Brief der Mutter), liegt der Wendepunkt genau in der Mitte des Romans, der somit **symmetrisch aufgebaut** ist.

Für die künstlerische Verwobenheit in dem so klar und deutlich aufgebauten Roman sorgen zahlreiche **Vorausdeutungen und Rückbezüge.** Beispielsweise spielt der Blumenstrauß aus dem 11. Kapitel im 22. Kapitel wieder eine Rolle, als Botho ihn verbrennt.

Struktur des Romans

Lene und Botho	Höhe- u. Wendepunkt	Käthe und Botho	Lene und Gideon
Kapitel 1–13	Hankels Ablage	Kapitel 14–26	
Liebesgeschichte Lene – Botho	Glück in der scheinbaren Idylle Bild der arbeitenden Magd ↓ Lenes Erkenntnis der Lebensaufgabe: Arbeit und Selbstbestimmung	Entschluss Bothos, Käthe zu heiraten	Ehe Botho – Käthe Freundschaft und Ehe Lene – Gideon
13 Kapitel		13 Kapitel	
Symmetrischer Aufbau			

Das erste und das letzte Kapitel

Im ersten Kapitel bereits – so Fontane in einem Brief – steckt „der Kern des Ganzen"; es bietet eine Fülle von Details, die wie eine Ouvertüre ins Werk einführen.

So bezeichnet etwa Frau Nimptsch eines der Gebäude der Dörrschen Gärtnerei aufgrund seines „rot und grün gestrichene[n] Holztürmchen[s]" (S. 3) als „Schloß" (S. 4), aber „mit einem Anfluge von Spott und Schelmerei", denn schlossartig wirkt es nur in der Dämmerung – bei „unerbittlich heller Beleuchtung" wird „deutlich, daß der ganze bis hoch hinauf mit gotischen Fenstern bemalte Bau nichts als ein jämmerlicher Holzkasten war" (S. 7).

Hier taucht gleich zu Beginn des Romans das Motiv von Schein und Sein auf. Gleichzeitig ist diese Beschreibung auch eine Vorausdeutung auf Bothos Schloss und Anwesen, um das es nicht gut bestellt ist. Onkel Osten spricht von ein paar Wiesen, einer Kiefernschonung und einem Muränensee: „Aber das ist auch alles. Man kann von Muränen nicht leben." (S. 46)

Botho selbst zieht eine Parallele zwischen Dörrs und seinem Anwesen, wenn er vom Wetter sagt: „Eigens für Sie bestellt und für mich mit. Meine Wiesen zu Hause, die vier Jahre von fünf immer unter Wasser stehen und nichts bringen als Ranunkeln, die können solch Wetter brauchen.“ (S. 20) Damit wird deutlich, dass auch Bothos Anwesen jämmerlich ist.

So wird das Schein-und-Sein-Motiv ausgeweitet auf den Adel, der somit in Frage gestellt wird, was zahlreiche Details belegen, z. B. das Verhalten der Kameraden Bothos, ihr Zeit-tot-Schlagen im Club (vgl. Kapitel 8) und ihre Beziehungen zu Frauen. All das widerspricht den gesellschaftlichen Normen und der hohen Meinung, die der Adel von sich selbst hat. Der Leser fragt sich, welche Berechtigung ein solcher Adel noch hat.

Die Farben des Turms der Dörrschen Gärtnerei, Rot und Grün, stehen für Liebe und Hoffnung. Deren Zerbrechlichkeit deutet der Erzähler an, wenn er „vom halb weggebrochenen Zifferblatt unter der Turmspitze (von Uhr selbst keine Rede)“ (S. 3) spricht. Dass hier die Uhr fehlt und die Zeit stille steht, lässt sich auch als Hinweis darauf deuten, dass natürliche gesellschaftliche Entwicklungen nicht mehr stattfinden und die Liebe deshalb ohne Chance ist. Die Farben Rot und Grün tauchen zu Beginn des fünften Kapitels nochmals auf. Das Liebespaar steht vor „dem grün und rotgestrichenen Turme“ (S. 29), bevor es einen Spaziergang in den einsamen Garten macht, dessen Blumen und Pflanzen mit ihrem betörenden Duft die Liebesidylle begleiten. Zum Schluss des Kapitels wird ein Feuerwerk beschrieben. Die einzelnen Raketen wirken, „als ob sie sich jagen und überholen wollten, bis es mit einem Male vorbei war und die Gebüsche drüben in einem grünen und roten Lichte zu glühen anfingen“ (S. 33). In diesem Feuerwerk, ebenso wie in dem grün und rot gestrichenen jämmerlichen Turm, ist ein Symbol zu sehen für Lenes und Bothos Verhältnis, das kurz „rot und grün“ aufblüht und dann erlischt.

Der aufmerksame Leser erkennt bereits im Romanbeginn die erzählerischen Finessen und ahnt, um was es im Folgenden geht. Das erste Kapitel kann insofern als **Prolog** (Vorrede, Vorwort, Einleitung eines literarischen Werkes) bezeichnet werden.

Entsprechend lässt sich das letzte, 26. Kapitel mit dem Gespräch Bothos und Käthes über Lenes Liebesbriefe, deren Asche Käthe im Kamin entdeckt, dem Bericht über Lenes und Gideons Hochzeit und Käthes „dalbernde“ Reaktion auf die Hochzeitsanzeige durchaus als **Epilog** (Nachwort mit moralisierender Nutzanwendung) lesen. Dazu die Fontane-Forscherin Charlotte Jolles: „Die Funktion eines solchen Epilogs ist seinem Wesen gemäß Rückblick und Deutung. Aber die Deutung ist keineswegs immer geradezu; ein ironischer Kommentar kann indirekt den Hintergrund des Geschehens und das Geschehen selber erhellen.“[11]

Ein solcher ironischer Kommentar ist der im Plauderton dahingesagte Satz „Gideon ist besser als Botho“ (S. 182), der sich vordergründig – und in Käthes oberflächlichem Verständnis – nur auf die Namen bezieht. Der Satz ist mehrdeutig, ist er doch zum einen von Botho formuliert, zum anderen dieser Figur vom Autor in den Mund gelegt.

Was könnte Botho mit dieser selbstironischen und scharfsichtigen Selbsteinschätzung meinen? – Vielleicht glaubt er, Gideon sei deshalb besser als er selbst, weil er sich über Normen der damaligen Zeit hinwegsetzt, indem er eine nicht mehr unberührte Frau ehelicht. In Friedrich Hebbels *Maria Magdalena* von 1843 heißt es noch: „Darüber kann kein Mann weg!“ (II,5) Möglicherweise möchte Botho mit diesem Satz auch zum Ausdruck bringen, dass Gideon es besser hat, weil er Lene heiratet – im Gegensatz zu ihm selbst, der aus Standesdenken, Geldsorgen und Bequemlichkeit diejenige nicht ehelicht, die er wirklich liebt. Diese kritische Selbstverurteilung versöhnt den Leser ein wenig mit der Figur des Botho.

Vom Autor aus ist Bothos nahezu aphoristische Pointierung „Gideon ist besser als Botho“ eine Zusammenfassung der Handlung und der kritischen Intention des ganzen Romans. In diesem Schlusssatz wird das Gesellschafts- und damit Romanverständnis Fontanes greifbar (vgl. *Interpretationshilfe,* S. 77 ff.).

Erzählerische Besonderheiten und Stilmittel

Der Roman *Irrungen, Wirrungen* ist keine reine Prosaerzählung; er enthält vielmehr andere Textsorten, z. B. **Briefe** (von Lene, Botho, dessen Mutter, dessen Onkel und Käthe), drei **Hochzeitsanzeigen** (vgl. S. 108, S. 161, S. 182) und an mehreren Stellen sogar die **Mauerschau** (Teichoskopie), wie man sie aus dem Drama kennt (z. B. am Ende von Kapitel 1, als Frau Dörr durch das Fenster den Abschied zwischen Botho und Lene beobachtet).

Zur Lebendigkeit, Lebensnähe und Authentizität des Romans tragen außerdem die **Dialoge** bei. Sie nehmen im Textganzen mehr Raum ein als die Prosaerzählung. Auf diese Weise wird der überwiegend auktoriale Erzählstil unterbrochen und die Ereignisse werden objektivierter und damit realistischer dargestellt.

Es finden sich auch **lyrische Einlagen** (vgl. S. 23, S. 152) und der Stil ist zuweilen lyrisch geprägt, z. B. werden Reime verwendet („Bentsch, Rentsch, Stentsch [...] – lauter Reimwörter auf Mensch“, S. 40) oder Alliterationen (z. B. in der Wiederholung „rapschen und rapschen“, S. 14, und „Kannen, Kessel und Kasserollen“, S. 83). Zuweilen scheint die Grenze zur Lyrik fast aufgehoben: „Es war die Woche nach Pfingsten, die Zeit der langen Tage, deren blendendes Licht mitunter kein Ende nehmen wollte.“ (S. 3) Der lyrische Stil, die **klangvolle, bildhafte Sprache** entsprechen der jeweils geschilderten Situation; z. B. erwartet Lene voller Liebe ihren Botho im Zimmer in Hankels Ablage:

Eine tiefe Stille herrschte, nur in der alten Ulme ging ein Wehen und Rauschen und alles, was eben noch von Verstimmung in ihrer Seele geruht haben mochte, das schwand jetzt hin, als sie

> *den Blick immer eindringlicher und immer entzückter auf das vor ihr ausgebreitete Bild richtete. Das Wasser flutete leise, der Wald und die Wiese lagen im abendlichen Dämmer, und der Mond, der eben wieder seinen ersten Sichelstreifen zeigte, warf einen Lichtschein über den Strom und ließ das Zittern seiner kleinen Wellen erkennen.* (S. 80)

Hier sind alle Motive der romantischen Lyrik versammelt: Abend; Mond; Fluss, in dem der Mond sich spiegelt; Wald und Wiese (Alliteration!), Wehen und Rauschen (des Waldes und des Flusses) bei gleichzeitiger Stille. Diese Naturbetrachtung hat eine heilende und erfüllende Wirkung auf Lene.

Auffällig ist die große Zahl der **Zitate**, die oft kaum erkennbar als Anspielung oder Andeutung benutzt werden. Vor allem finden sich Schiller-Zitate, z. B. stammen die Namen der „Damen" der Kameraden Bothos aus der *Jungfrau von Orleans:* Isabeau, Johanna, Margot (vgl. S. 85), es wird aus *Don Carlos* zitiert: „Ja, Königin, das Leben ist doch schön." (S. 86) und aus *Kabale und Liebe*: Lenes Feststellung „Ach, das arme bißchen Leben" (S. 34) verweist auf die Worte der Luise Millerin in I,3: „Das bißchen Leben."

Auch gibt es mehrere Goethe-Zitate bzw. -Anspielungen: „das war unser letztes Glück und unsere letzte schöne Stunde" (S. 95) bezieht sich auf Goethes Spruch: „Der Mensch erfährt, er sei auch wie er mag, / Ein letztes Glück und einen letzten Tag." Die Wendung „Viel Freud, viel Leid" (S. 158) könnte sich auf Klärchens Lied im *Egmont* beziehen: „Freudvoll und leidvoll".

Weiterhin sind eine Fülle von Zitaten u. a. von Shakespeare, Karl Marx und Hebbel anzutreffen.[12]

Welche Funktion haben diese Zitate? – Einmal zeigen sie, wie weit doch die Belesenheit aller Bevölkerungsschichten geht, dass die Literatur lebendig ist und den Menschen dabei hilft, sich auszudrücken. Auf den Roman *Irrungen, Wirrungen* bezogen, liegt die Funktion darin, dass ein **Andeutungs- und Bezugsgeflecht** entsteht. Durch das Zitat wird ein anderes Werk eines anderen Autors einbezogen. Dadurch verallgemeinert sich die Aussage, tritt aus der Enge des Werks heraus und wird allgemeingültig.

Innerhalb des Romans selbst entsteht ein solches Andeutungs- und Bezugsgeflecht durch die vielen beiläufig erwähnten **Details,** z. B. bilden das Verhältnis der Frau Dörr mit einem alten Grafen und die Verhältnisse von Bothos Kameraden mit ihren „Damen" **Parallelen** zu dem zwischen Lene und Botho. Im Vergleich erkennt der Leser, dass zwischen Lene und Botho ein wirkliches Liebesverhältnis besteht, die anderen Beziehungen dagegen sind wirtschaftlich und sexuell begründet.

„Verhältnisse"

Lene – Botho	**Frau Dörr – alter Graf** **Kameraden – „Damen"**
– Liebe (inkl. Sexualität) – materielle Unabhängigkeit – ohne Versprechungen, ohne Verpflichtungen – Freiheit – Gleichheit	– Sexualität ohne Liebe – materielle Berechnung – Unterhalt – Unfreiheit – Abhängigkeit
↓	↓
gelungene Beziehung	menschenunwürdige Beziehung

Einige der Motive und Details in *Irrungen, Wirrungen* erhalten **Symbolcharakter** und tragen so zur erzählerischen Dichte des Romans bei. Ein Beispiel hierfür ist der Immortellenkranz. Die alte Frau Nimptsch wünscht sich so einen Kranz auf ihr Grab und Botho verspricht ihn (vgl. Kap. 10). Im 21. und 22. Kapitel wird erzählt, wie Botho den versprochenen Kranz zum Grab bringt.

Dabei wird der Kranz zum Symbol der Liebe zwischen Botho und Lene. So wenig wie die Blumen dieses Kranzes verwelken, so wenig wird die Liebe zwischen den beiden vergehen. Das Kranz-Motiv taucht auch schon im Kapitel 9 auf, als Frau Dörr vorschlägt, Blumenkränze zu flechten (S. 56). Im 26. Kapitel schließlich wundern sich die Leute, dass Lene als Braut keinen Kranz trägt (S. 181). Auf diese Weise schafft der Kranz einen Bezug zwischen dem ersten und dem zweiten Teil des Romans, er ist sowohl **Vor- als auch Rückdeutung**. Ähnlich verhält es sich mit dem Blumenstrauß (vgl. Kapitel 11 und 22).

Auch das Herdfeuer der alten Frau Nimptsch kann als Symbol gedeutet werden. Es steht für Wärme, Geborgenheit und Mütterlichkeit – sehr natürliche, menschliche Empfindungen, die im Roman bezeichnenderweise in der Unterschicht vorkommen, nicht beim Adel. Entsprechend wohl fühlt sich Botho an der einfachen Feuerstelle: „Ich kenne keinen Herd, auf den ich so gern sähe; immer Feuer, immer Wärme. Ja, Mutterchen, es ist so; hier ist es am besten." (S. 21)

Darüber hinaus enthält der Roman zahlreiche mehr oder weniger deutliche **Anspielungen.** So kann etwa Frau Dörrs Rede von Betten („Ich bin mehr fürs Feste, für Pferdehaar und Sprungfedern und wenn es denn so wuppt …", S. 55) und vom Storch („Adebar, du guter, bring mir …", S. 56) als Anspielung auf das sexuelle Verhältnis zwischen Lene und Botho gelesen werden. Lene versteht und wird verlegen. Dem Leser ist solch ein beiläufig mitgeteilter Gesprächsfetzen ein Hinweis darauf, dass es ein sexuelles Verhältnis gibt. Fontane spricht das nie direkt an.

Komik und **Humor** prägen die Erzählweise. Figuren wie Herr und Frau Dörr sind zwar liebenswert, sie rufen aber auch das Schmunzeln der Leser hervor, z. B. wenn die stattliche Frau Dörr von ihrem Mann „Suselchen" (S. 11) genannt wird. Überzeichnet und damit komisch wirkt ebenfalls die Figur der Käthe, die immer lacht und alles „komisch" findet. Auch Gideon Franke hat komische Züge, wenn er predigerhaft spricht (vgl. S. 146). Humorvoll, fast schon als Karikatur wird Onkel Osten dargestellt, als er über Bismarck schimpft (S. 43).

Auffällig sind die **Pointen** am Ende einiger Kapitel. Sie fassen das Wesentliche der Kapitel – zum Teil auf hintersinnig-witzige Weise – zusammen. Hier ist natürlich an erster Stelle der Schluss des Romans zu nennen: „Gideon ist besser als Botho." (siehe dazu *Interpretationshilfe*, S. 80) Schlusspointen sind aber auch in anderen Kapiteln gesetzt:

Schlusspointen

Kap. 1	*Nei, so war meiner nich.*	Anerkennung für Bothos Aussehen und Charakter
Kap. 2	*Jott, so'n Hahn. Denkt nu auch wunder was er is. Un seine Courage is doch auch man soso.*	der Hahn als Symbol des Adels
Kap. 6	*Wie schön. Es ist doch wohl eine der besten Welten.*	Anspielung auf Leibniz' These von der Welt als der besten aller möglichen Welten
Kap. 7	*Einen Heidsieck. Beste Marke.*	Onkel Osten will mit Champagner feiern, als er glaubt, Botho zur Heirat mit Käthe bewegt zu haben
Kap. 8	*Mit den Klugen ist Gott.*	Vorausdeutung auf Bothos Entscheidung zur Vernunftehe mit Käthe
Kap. 11	*Keiner sprach. Jeder aber hing seinem Glück und der Frage nach, wie lange das Glück noch dauern werde.*	Vorausdeutung auf das baldige Ende der Liebesbeziehung
Kap. 19	*Aber die Dörr sagte nur: ‚Jott, die Doktors' und wies auf die Tote.*	Einsicht in die Ohnmacht und Hilflosigkeit des Menschen gegenüber seinem Schicksal
Kap. 22	*Ob ich nun frei bin? … Will ich's denn? Ich will es nicht. Alles Asche. Und doch gebunden.*	Einsicht Bothos: ewige Liebe zu Lene
Kap. 26	*Gideon ist besser als Botho.*	siehe dazu *Interpretationshilfe*, S. 80

Dem genauen Leser fallen die **Märchenmotive** in dem Roman auf. Nach einer Skizze Fontanes[13] (vgl. *Interpretationshilfe,* S. 10) befindet sich vor Lenes Haus eine Dornenhecke, vom „Schloß" ist die Rede und von „halbmärchenhafte[r] Stille" (S. 4). Der Gedanke an das Märchen *Dornröschen* liegt nahe. Lene als Dornröschen wird von Botho wachgeküsst. Märchenhaft ist auch Lenes Herkunft, denn diese liegt geheimnisvoll im Dunkeln. Zudem wird für Lene das Wort „Prinzessin" verwendet (S. 6) und es wird ein Geschenk wie „ein goldener Pantoffel [...] oder sonst was aus dem Märchen" (S. 22) erwähnt. Mehrere märchenhafte Idyllen werden beschrieben: der Spaziergang im fünften Kapitel und der Ausflug nach Hankels Ablage in den Kapiteln 11 bis 13.

Als erzählerische Finessen, mit denen Fontane in *Irrungen, Wirrungen* gearbeitet hat, seien abschließend noch **Vergleiche** („Wie Gott in Frankreich", S. 21), **Metaphern** („fuchsblank", S. 4), **bildhafte Schilderungen** (vgl. Hankels Ablage) und **sprechende Namen** (Dörr, Hahnke) erwähnt.

Erzählperspektive

Vorherrschend ist die **auktoriale** Erzählperspektive. Der Autor steht gleichsam über der Geschichte, weiß alles und bewertet, z. B.: „In diesem [Gemüsegarten] sah es nicht sonderlich ordentlich aus, einmal weil Dörr keinen Sinn für Ordnung, außerdem aber eine so große Hühnerpassion hatte, daß er diesen seinen Lieblingen, ohne Rücksicht auf den Schaden, den sie stifteten, überall umherzupicken gestattete" (S. 8), oder „Ihre [Lenes] feine Sinnlichkeit fühlte sich von dem Lüsternen in dem Bilde wie von einer Verzerrung ihres eigenen Gefühls beleidigt" (S. 80).

Von Zeit zu Zeit wechselt der Autor in die **personale** Erzählperspektive, z. B. im 14. Kapitel, nachdem Botho den Brief der Mutter gelesen hat (vgl. S. 99–103). Eine wichtige Rolle spielt hier die **erlebte Rede**, z. B. „einer Adelsvorstellung, einer Standesmarotte zuliebe, die mächtiger war als alle Vernunft, auch mächtiger als das Gesetz, dessen Hüter und Schützer zu sein, er recht eigentlich die Pflicht hatte“ (S. 102) oder „Ja, sie war glücklich, ganz glücklich und sah die Welt in einem rosigen Lichte. [...] War das nicht genug? Und wenn diese Stunde die letzte war, nun so war sie die letzte.“ (S. 81, vgl. *Interpretationshilfe,* S. 74). Oft wirkt die personale Perspektive wie ein **Selbstgespräch**: „Arbeit und täglich Brot und Ordnung. [...]“ (S. 102)

Eine **neutrale** Erzählperspektive liegt bei den langen Dialogpassagen vor, der Erzähler fungiert hier sozusagen als Beobachter und Augenzeuge.

Fontane gestaltet durch den Wechsel der Erzählperspektive einzelne Szenen besonders eindringlich und macht die Innenperspektive der Figuren sichtbar. Das Erzählte wirkt authentisch und suggestiv, der Leser kann besonders intensiv mitfühlen.

Antithesen, Ambivalenzen, Antinomien

Die Darstellungsweise des Romans ist geprägt von Antithesen (Gegensatz), Ambivalenzen (Zwiespältigkeit, Zerrissenheit) und Antinomien (Widerspruch). Hierzu nur einige Beispiele:

Den zentralen Gegensatz bildet sicherlich der Standesunterschied zwischen Adel und Kleinbürgertum. Fontane gestaltet diesen Gegensatz – in Preußen herrschte bis 1918 das Drei-Klassen-Wahlrecht – in allen Details, z. B. wenn Lene ihre Eindrücke vom Korso im Brief schildert (vgl. S. 37), im Verhalten der Dienstboten und des Kutschers Botho gegenüber, in den Gesprächen der Frau Dörr über ihren Grafen, der „Damen“ über ihre Liebhaber. Dabei klingt ganz versteckt auch mal an, dass die Unterschiede künstlich sind, z. B. wenn die „Königin“ feststellt: „... und einer ist wie der andre“ (S. 91).

Botho steht für die Adelsgesellschaft. Als Offizier seiner Majestät genießt er höchste gesellschaftliche Anerkennung, arbeitet kaum und verbringt halbe Tage im Club mit Nichtstun, andererseits liebt er das Einfache, Ungekünstelte in Lene. Auch Käthe gegenüber verhält er sich widersprüchlich. Sie ist für ihn einmal die „reizende kleine Frau“ (S. 132), um die ihn andere beneiden, andererseits sieht er in ihr „ein Bonbon, nicht viel mehr“ (S. 163).

Diese antithetische Struktur seiner Persönlichkeit lässt Botho schließlich scheitern. Er kann die beiden Seiten nicht auf einen Nenner bringen. Er weiß genaue Analysen seiner gesellschaftlichen Schicht und seiner eigenen Unfähigkeit vorzunehmen („Wer bin ich?“, S. 99), verweilt aber andererseits in der Gedankenlosigkeit und im Mitläufertum seiner Kameraden. Seine Erkenntnisse kann er nicht in Handlung umsetzen. Politik, geschweige denn Veränderungen interessieren ihn nicht. Sein Lieblingssatz ist: „Schnack geht vor Politik.“ (S. 35)

Selbst Lene ist nicht frei von Ambivalenzen, die sich durch die Klassengegensätze ergeben. Sie spürt ihre Überlegenheit Botho gegenüber, gibt sich aber mit den gesellschaftlichen Gegebenheiten zufrieden und ist keine Klassenkämpferin. Sie hält als Einzige die Gegensätze aus. Sie verstößt bewusst gegen die Normen der Zeit und gibt sich unverheiratet einem Liebesverhältnis hin, findet das nicht mal verwerflich: „Wenn ich einen liebe, dann lieb ich ihn.“ (S. 18) Lene hat ihre eigene Moral, die sie aufgrund ihrer Liebe verantwortet. Sie verhält sich autonom. Auf diese Weise kann Lene die Ambivalenzen aushalten – anders als Effi Briest, die schaukelartig ihre gegensätzlichen Wünsche auslebt und nicht zuletzt deswegen tragisch endet.

Die in *Irrungen, Wirrungen* gestalteten Antithesen, Ambivalenzen und Antinomien haben einerseits ihre Funktion darin, Tatbestände, Verhalten und Charaktere zu verdeutlichen, ihre Unterschiedlichkeit auszuleuchten und sie dadurch erkennbarer und differenzierbarer werden zu lassen. Andererseits weisen sie auf die sozialen Spannungen und Ungerechtigkeiten hin und enthalten damit für den Leser eine Aufforderung, sich die Klassengegensätze bewusst zu machen und sie gegebenenfalls zu überwinden.

3 Individuum und Gesellschaft

An keiner Figur in *Irrungen, Wirrungen* lässt sich die Abhängigkeit des Individuums von der Gesellschaft besser aufzeigen als an **Lene.** Schließlich scheitert ihr Glück mit Botho an der bestehenden Gesellschaftsordnung, die eine ernsthafte Beziehung zwischen einer Näherin und einem Adeligen nicht zulässt. Gleichzeitig steht Lene für die Fähigkeit, sein Leben nicht *gegen* die gesellschaftliche Norm zu gestalten, sondern unter Verzicht auf die Maximalziele (Ehe mit Botho) ein Leben zu führen, das weniger emotionale Höhenflüge bietet, aber ordentlich und frei ist: Verzicht, Entsagen, Sich-Bedingen sind in diesem Fall eine Möglichkeit, sich gegen die Allmacht der Gesellschaft zu behaupten. Beim Abschied von Botho weist Lene auf ihre Freiheit hin: „Alles war mein freier Entschluß." (S. 106) Sie macht Botho keine Vorwürfe. Sie spricht sogar von ihrer Schuld, dass sie sich auf das Verhältnis eingelassen habe. Sie bedauert aber nichts, sondern betont ihr Glück, auch wenn es nur kurz anhielt. Die Zukunft sieht sie mit einer untragischen Haltung: „Dann lebt man ohne Glück." (ebd.)

Zweifellos aber wäre Lene in einer Gesellschaft ohne Standesunterschiede glücklicher geworden, auch **Botho.** Dieser ist trotz seiner tiefen Gefühle ebenso wie Lene davon überzeugt, nicht gegen den Sittenkodex seiner Zeit leben zu können. Er zerbricht zwar nicht daran, dass er sich abhängig von der Gesellschaft macht, indem er sich von Lene trennt und – vor allem auch aufgrund seiner finanziellen Probleme – seine reiche Kusine Käthe heiratet. Aber er lebt ohne Liebe zu seiner Ehefrau, verachtet sie sogar ein wenig. Deshalb ist sein emotionales Leben gescheitert. Botho verzichtet nicht auf materielles Glück. Er entsagt nicht und macht sich nicht wie Lene unabhängig von den Normen der Gesellschaft. Dazu fehlen ihm auch alle Voraussetzungen, z. B. ein Beruf, der ihn ernähren könnte.

Auch die Nebenfiguren in *Irrungen, Wirrungen* leiden an der Abhängigkeit von der Gesellschaft. Niemand kann sich selbst verwirklichen. Die **Kameraden Bothos** führen ein sehr oberflächliches Leben, vor allem im Klub. Sie kompensieren ihre Unfreiheit durch eine „coole" Sprache. Ihr Jargon ist nicht ohne Witz, aber voller Redensarten. Sie pflegen eine Sprache, die nicht immer human ist (Käthe ist „wie 'ne Bachstelze", eine „Flachsblondine mit Vergißmeinnichtaugen", Botho prophezeien sie ein Schicksal wie dem „Fuchs aus dem Eisen", S. 52f.). Auch sie leben ohne Liebe, denn das Verhältnis zu ihren „Damen" ist rein sexuell ausgerichtet.

Die Gesellschaft im Kaiserreich ist demnach so geprägt, dass sie die Mitglieder aller Gesellschaftsschichten einschränkt, ja emotional verkümmern lässt. Nur Lene lebt frei von Normen in eigener Verantwortlichkeit. Ihr als Einziger gelingt in *Irrungen, Wirrungen* ein bescheidenes Glück.

Frau Dörr durchschaut die gesellschaftlichen Verhältnisse (vgl. *Interpretationshilfe,* S. 45 f.). Sie hält es für „schlimm", dass Lene Botho wirklich liebt (vgl. S. 6) und nicht nur ein Verhältnis eingeht, das materielle Vorteile bietet.

In einer solchen Situation hat das Individuum keinerlei Entwicklungsmöglichkeit. Die gesellschaftlichen Strukturen sind so festgelegt und undurchdringlich, dass der Einzelne keine Freiheit hat, sich verantwortungsvoll zu verwirklichen. Es helfen weder Vernunft, noch Aufrichtigkeit, noch Offenheit. Das Individuum kann nur hilflos und ohnmächtig entsagen und auf seine natürlichen Wünsche verzichten. Interessant ist, dass die Angehörigen der Oberschicht selbst auch diesen Bedingungen ausgeliefert sind: In höchstem Maße unfrei, verharren sie in ihren gesellschaftlichen Ketten und sind damit Gefangene der von ihnen selbst propagierten Ordnung.

Theodor Fontane kritisiert in *Irrungen, Wirrungen* die Gesellschaft, die politischen Strukturen seiner Zeit. Die Figuren in dem

Zeitroman *Irrungen, Wirrungen* repräsentieren die streng hierarchisch gegliederte Gesellschaft des Deutschen Kaiserreiches: der Adelige Botho von Rienäcker und seine Familie und Freunde, die kleinbürgerlichen Kreise um Lene Nimptsch und die Dörrs, die Arbeiter eines Walzwerkes, der Droschkenkutscher.

Der preußische Staat ist hierarchisch aufgebaut. An der Spitze steht der König, der (ab 1871) in Personalunion deutscher Kaiser ist, gefolgt vom Adel und dem Klerus. Das Bürgertum mit dem Handwerk bildet den dritten Stand, die Arbeiterschaft den vierten Stand. Die zentrale Regierungsmacht liegt beim Kaiser, zu dem der Adel in einem besonderen Treueverhältnis steht. Hinzu kommt der preußische Beamte, der fleißig und treu die Obrigkeit verkörpert, so dass das gesellschaftliche System völlig festgezurrt ist. Keiner kann aus seinem Stand, seiner Schicht, seiner Klasse heraus, in der Regel sind die gesellschaftlichen Schranken nicht zu überwinden. Erst in den 80er- und 90er-Jahren des 19. Jahrhunderts entstehen großbürgerliche Familien, die durch Industrie oder Bergbau erhebliche Reichtümer ansammeln. Da gleichzeitig der Adel verarmt, kommt es zwischen Großbürgertum und Adel zu Verbindungen. Verdiente Großbürger werden auch geadelt. (Zum zeitgeschichtlichen Kontext des Romans vgl. auch *Interpretationshilfe,* S. 8 f.)

4 „Irrungen, Wirrungen“ als emanzipatorischer Roman

„Emanzipation“ bedeutet Gleichstellung, Selbstständigkeit, auch Freiheit und Befreiung aus Abhängigkeit und Bevormundung (lat. *emancipatio:* Entlassung aus väterlicher Gewalt, bei einem Sklaven auch Befreiung aus der Hand des Besitzers). In *Irrungen, Wirrungen* wird einzig Lene als emanzipierte, ja sogar schon als autonome (unabhängige) Figur dargestellt. Ansonsten kommen höchstens emanzipatorische Ansätze vor.

Während seiner Strohwitwerzeit liest Botho in der „Kreuzzeitung“ folgende Heiratsanzeige: „Unsere heut vollzogene eheliche Verbindung beehren sich anzuzeigen Adalbert von Lichterloh, Regierungsreferendar und Leutnant der Reserve, Hildegard von Lichterloh, geb. Holtze“ (S. 161). Der Leser mag über diese Anzeige zunächst weglesen, weil er sie für unwichtig hält, scheint sie doch mit dem eigentlichen Romangeschehen nichts zu tun zu haben. Doch sie enthält einen hohen Aussagewert: Da hat ein Adeliger, Jurist und Reserveleutnant, eine Bürgerliche geheiratet. Parallelen zu Botho und zu Rexin drängen sich auf. Ein Standeskollege Bothos hat es also gewagt, sich offen gegen die Normen der Gesellschaft aufzulehnen. Es geht also doch, klingt hier versteckt an. Die Sachlage ist nur etwas anders als bei Botho. Denn der Herr von Lichterloh hat studiert. Er ist als Referendar dabei, einen angesehenen Beruf zu ergreifen, während Botho ohne Beruf ist. Voraussetzung für Emanzipation ist also ein Beruf, der von der Herkunft unabhängig macht. Nur durch Arbeit kann Unabhängigkeit erreicht werden. (Vgl. dazu auch den beruflich erfolgreichen Gideon, s. *Interpretationshilfe,* S. 40 ff.)

Auch Lene ist sich dieser Voraussetzung bewusst. Botho erwähnt ihren „Stolz“, „von ihrer Hände Arbeit leben zu wollen“ (S. 145). Lene legt also Wert auf ihre ökonomische Unabhängigkeit als Voraussetzung für die Freiheit von der Gesellschaft. Ihre Liebe zu Botho sieht sie von Anfang an ohne die Illusion einer längeren Bindung: „Glaube mir, daß ich dich habe, diese Stunde habe, das ist mein Glück. Was daraus wird, das kümmert mich nicht. Eines Tages bist du weggeflogen …“ (S. 33)

Nachdem Lene auf der Straße zufällig Botho und Käthe begegnet ist und einer Ohnmacht nahe gewesen ist (vgl. Kap. 16), tut sie alles, um eine weitere Begegnung zu vermeiden. Sie mietet eine Wohnung in einem anderen Viertel und setzt durch, dass der Ofen einen Vorbau mit einer offenen Feuerstelle für ihre Mutter bekommt. Auf den Vermieter macht Lenes selbstbewusste Art großen Eindruck (vgl. S. 121). Dabei fordert Lene nicht einfach, sondern nennt Gründe, die überzeugen. Diese Begebenheit lässt sehr gut erkennen, wie emanzipiert Lene ist. Sie erreicht, was sie einsichtig darstellen kann und was möglich ist.

Als Beispiel für eine Figur im Roman, die sich überhaupt nicht emanzipieren kann, sei Frau Dörr genannt. Sie macht sich in ihrer Beschränktheit abhängig von dem, was die Leute sagen. Sie teilt der Frau Nimptsch mit, dass sie kirchlich geheiratet habe. Deshalb könne sie sich überall sehen lassen: „Und drum bin ich auch in die Kirche mit ihm gefahren und nich bloß Standesamt. Bei Standesamt reden sie immer noch.“ (S. 5) Sie meint, weil sie die Geliebte eines alten Grafen war, etwas Feines zu sein. Sie definiert sich durch andere. Auch orientiert sie sich am Geschmack der hohen Gesellschaft, z. B. in Bezug auf den Hut, den sie auf einem Spaziergang in der Einsamkeit trägt (vgl. S. 54).

Durch eine Kontrastfigur wie Frau Dörr wird Lenes Emanzipation noch deutlicher. Der Leser erkennt, dass der Einzelne die scheinbare Abhängigkeit von der Gesellschaft überwinden kann, wenn Verzicht auf nicht realisierbare Wünsche und Entsagen die innere Freiheit garantieren.

Zusammenfassend ist festzuhalten: Voraussetzung für Emanzipation ist die **Fähigkeit zur Selbstanalyse.** Lene weiß sich einzuschätzen, weiß um ihre Intelligenz, ihre Grundsätze und ihre Ziele. Sie hat einen **Beruf** und ist dadurch finanziell unabhängig, so bescheiden ihr Lohn als Näherin auch sein wird. Sie kann mit ihrem Verdienst auskommen, indem sie keine Ausgaben für Dinge tätigt, die ihr nicht angemessen sind. Emanzipation fordert also auch **Selbstbeherrschung, Disziplin und Verzicht auf unerfüllbare Wünsche.** Hinzu kommt noch die Fähigkeit zur klaren Kommunikation. Lene weiß dem Vermieter aufzuzeigen, warum ihre Mutter eine offene Feuerstelle braucht. Durch ihre **sprachliche Kompetenz** gelingt es Lene, ihr Anliegen offen und klar zu begründen und zum Ziel zu kommen.

5 Fontanes Realismus

Theodor Fontane bezeichnet sein Schreiben als **realistisch.** Er gilt als wichtigster Vertreter der Epoche des Realismus, einer literarischen Richtung, die um 1850 entsteht und bis an den Beginn des Ersten Weltkriegs heranreicht. „Realistisch" bedeutet zunächst eine Darstellungsweise, bei der die Wirklichkeit so, wie sie ist, und damit auch die ganze Vielfalt des gesellschaftlichen Lebens im literarischen Werk abgebildet werden soll. Das Erzählte muss dabei nicht tatsächlich geschehen sein – es genügt, wenn es hätte geschehen *können.*

Allerdings geht es Fontane nicht einfach um die platte Wiedergabe der Wirklichkeit. Er legt Wert darauf, sich vom Naturalismus abzugrenzen, einer literarischen Strömung gegen Ende des 19. Jahrhunderts, deren Repräsentanten die Perspektive auf das kleinbürgerliche Elend, die Misere und die Schattenseiten der Wirklichkeit verengen und verschärfen. Anders als die Naturalisten zeigt Fontane die Menschen nicht in ihrer Abhängigkeit von Anlage, Trieb und Umwelt. Vielmehr wird bei ihm die Wiedergabe der Realitäten verklärt und durch die subjektive Sicht des Erzählers gefiltert; Extremes – etwa Abstoßendes, Hässliches – bleibt ausgespart, die Sozialkritik ist gedämpft. Zudem schafft ein oft unterschwelliger Humor Distanz.

Fontane fordert die **künstlerische Gestaltung der Wirklichkeit,** also ein Kunstwerk, das nach ästhetischen Gesetzen gebaut wird. Deshalb spricht er von „Raffinessen", die er in seine Werke einarbeitet, z. B. Anspielungen, das Verständnis vertiefende oder ausweitende Zitate, vor- und zurückdeutende Motive und Symbole (vgl. *Interpretationshilfe,* S. 53 ff.).

Fontane strebt ein Ganzes an. Die Romantheorie verwendet hier den Begriff der **Totalität.** Totalität liegt vor, wenn das Dargestellte etwas **Typisches, Repräsentatives für eine bestimmte Zeit** hat, das in seinen Bezügen zum Ganzen der Wirklichkeit steht. In *Irrungen, Wirrungen* werden die gesellschaftlichen Konflikte zwischen den unterschiedlichen Schichten der Bevölkerung deutlich. Mitglieder des vierten Standes treten zunächst in den ersten drei Kapiteln auf. Durch das Liebesverhältnis Lenes zu Botho wird auch die wichtigste gesellschaftliche Schicht der Kaiserzeit, der Adel, einbezogen. Der Reichskanzler Bismarck ist zwar nicht als Figur gezeichnet, wird aber durch die Bismarck-Kritik Onkel Ostens präsent. So entsteht das Ganze der Epoche in seinen wesentlichen Bezügen. Fontane erzielt auf diese Weise Totalität, auch wenn er nur einen kleinen Wirklichkeitsausschnitt beschreibt.

Seinen Realismus definiert Fontane folgendermaßen:

> *Er ist die Widerspiegelung alles wirklichen Lebens, aller wahren Kräfte und Interessen im Elemente der Kunst; er ist, wenn man uns diese scherzhafte Wendung verzeiht, eine „Interessenvertretung" auf seine Art. Er umfängt das ganze reiche Leben, das Größte wie das Kleinste: den Kolumbus, der der Welt eine neue zum Geschenk machte, und das Wassertierchen, dessen Weltall der Tropfen ist; den höchsten Gedanken, die tiefste Empfindung zieht er in seinen Bereich, und die Grübeleien eines Goethe wie Lust und Leid eines Gretchen sind sein Stoff. Denn alles das ist wirklich. Der Realismus will nicht die bloße Sinnenwelt und nichts als diese; er will am allerwenigsten das bloß Handgreifliche, aber er will das Wahre.*[14]

Das hier angesprochene **Wahre** ist nicht mit dem Objektiven zu verwechseln. Fontane beschreibt seine Welt aus der Perspektive seiner Gestalten. Sie ist zunächst subjektiv wahr. Die Figuren sehen also die Welt, wie sie sie wahrnehmen. Die schöne und reiche Käthe als Vertreterin des Adels etwa nimmt das Leben sehr leicht, ja leichtsinnig, für sie ist alles komisch, während die schöne und arme Lene ihre Erfüllung in der Arbeit sieht.

Diese subjektiven Weltsichten werden im Roman in kunstvoller Gestaltung präsentiert (vgl. *Interpretationshilfe,* S. 49 ff.). Sie fügen sich zu einem Ganzen, in dem der Leser die Wahrheit der Wirklichkeit erkennen kann. So kann durch ein Kunstwerk wie *Irrungen, Wirrungen* die Zeit Kaiser Wilhelms I. und Bismarcks, geprägt durch die gesellschaftlichen Unterschiede und die daraus entstehenden Konflikte, in ihrer Wesentlichkeit vielleicht besser dargestellt werden als durch Geschichtsbücher.

Fontane will dem Leser „ein Leben, eine Gesellschaft, einen Kreis von Menschen [...] schildern, der ein unverzerrtes Widerspiel d e s Lebens ist, das wir führen.[15] Auch der Untertitel des Vorabdrucks *Eine Berliner Alltagsgeschichte* verdeutlicht diese Realismusforderung. Fontane als scharfer Beobachter seiner Zeit beschreibt in *Irrungen, Wirrungen* den **Alltag,** verbunden mit **Detailgenauigkeit** und **psychologischer Analyse.** Dabei ist es wichtig, dass der Leser die Gründe für das Handeln der Beteiligten erkennt. Er muss Einblick in die Mechanismen der Abläufe nehmen. Er muss merken, dass die gesellschaftlichen Verkrustungen dazu führen, dass Lene und Botho nicht zusammenkommen können, obwohl sie sich lieben.

Die realistische Darstellung verlangt demnach, dass **Zusammenhänge, Hintergründe und Motive** aufgezeigt werden, die eine Handlung bedingen. Damit hat der realistische Roman eine allgemein politische Komponente. Es handelt sich keineswegs um so etwas wie abfotografierte Wirklichkeit (wenn es das gäbe), sondern um eine mit ästhetischen Mitteln gestaltete Wirklichkeit, die gleichzeitig eine **Deutung der Realität** mitliefert, so dass der Leser vertiefte Erkenntnis über die Vorgänge gewinnen kann. Es kommt also nicht auf das einzelne wirklichkeitsgetreue Detail an, sondern auf das Herausarbeiten eines stimmigen und „wahren" Gesamteindrucks, der dem Leser ein charakteristisches Bild von Menschen in ihrem jeweiligen gesellschaftlichen Umfeld vermittelt.

6 Interpretation von Schlüsselstellen

Ende Kapitel 12: Seite 78–81

Nach der Bootsfahrt bei Hankels Ablage fühlt Lene sich unpässlich. Sie erholt sich jedoch schnell im Gasthauszimmer, wo sie auf Botho wartet, der mit dem Wirt plaudert.

Inzwischen betrachtet Lene das Zimmer genauer. Es lässt immer noch die alte Fischer- und Schifferherberge erkennen, der ursprüngliche Charakter des Raumes ist „mit Geflissentlichkeit" (S. 79) beibehalten worden. Die Wände sind aus Lehm und bilden „Buckel und Blasen", sind aber frisch geweißt. Die Herberge ist der „Neuzeit" gemäß renoviert und in ein „gefälliges Gasthaus" umgewandelt worden: Ein „großes, bis fast auf die Diele reichendes Fenster" ist eingesetzt worden, elegante Toilettentische, ein Rokokotisch und „ein paar gute Bilder" vervollständigen den Komfort des Zimmers.

Dieses Bewahren des Alten bei gleichzeitiger Neuerung des nicht mehr Gemäßen ist ein bewährtes Prinzip, das allerdings in der Gesellschaft der Wilhelminischen Zeit vernachlässigt wurde. Insofern steht das Zimmer symbolisch für das, was notwendig gewesen wäre: Die inhumanen Standesunterschiede hätten behutsam in Frage gestellt werden müssen. Der Mensch müsste nach seiner Persönlichkeit, seinem sozialen Verhalten und seiner Leistung beurteilt werden, nicht nach seiner Herkunft oder seinem Beruf.

Es überrascht nicht, dass Lene Einrichtung und Renovierungsstand des Zimmers wohlgefällig betrachtet („Lene fühlte sich angeheimelt von allem, was sie sah", S. 79).

Auch die Bilder an den Wänden enthalten das Erneuerungsmotiv. *Washington crossing the Delaware* und *The last hour at Trafalgar* zeigen Situationen, in denen sich das Neue gegen das scheinbar übermächtige Alte durchsetzt. Die englischsprachigen Titel der Bilder geben Lene „einen Stich ins Herz", weil sie den

Bildungsunterschied zu Botho spürt. Sie kann die Titel nicht lesen. Ihr Selbstbewusstsein ist aber nicht nachhaltig erschüttert. Sie weiß um den Bildungsunterschied, sie weiß aber auch, dass sie Botho in vielem überlegen ist. Diese Textstelle, die Lenes Bildungsdefizite anspricht, lässt an die Begebenheit erinnern, als Botho ihren Brief liest und einige Rechtschreibfehler in einem ansonsten ausdrucksstarken Brief findet (S. 36 f. und 158 f.). Mit solch kleinen Anklängen schafft Fontane es, eine Gleichzeitigkeit der Handlungen herzustellen. Im Kunstwerk wird das Nacheinander aufgehoben, so dass die Aussagen verdichtet und intensiviert werden. Dies Verfahren ist ähnlich der Funktion des Leitmotivs bei Thomas Mann, der sich als Schüler Fontanes verstand.

Ein weiteres Bild erregt Lenes Aufmerksamkeit. Sie kennt die Lithographie mit dem Titel *Si jeunesse savait* bereits aus der Dörrschen Wohnung. Es scheint ein wenig obszön zu sein, denn „[i]hre feine Sinnlichkeit fühlte sich von dem Lüsternen im Bilde wie von einer Verzerrung ihres eigenen Gefühls beleidigt" (S. 80). Auf subtile Art deutet Fontane hier Lenes Sinnlichkeit an, weist aber indirekt auch auf ihren guten Geschmack hin. Mit dieser Bemerkung gibt er dem Leser zu verstehen, dass sie die Nacht mit Botho aus eigenem Antrieb, aus Liebeserfüllung verbringt und nicht aus irgendwelcher Berechnung, wie das bei den „Damen" von Bothos Kameraden der Fall ist.

Lenes Verstimmung ist schnell verflogen, als sie das Fenster öffnet, die Nachtluft und die abendliche Natur auf sich wirken lässt. Sie fühlt sich erquickt. Die tiefe Stille und die gleichzeitig wahrnehmbaren Geräusche der Natur rufen ein Bild der Schönheit in Lene hervor, das sie erneuert, so dass sie sich schließlich glücklich fühlt: „‚Wie schön'", sagte Lene hochaufatmend. ‚Und ich bin doch glücklich', setzte sie hinzu." (S. 80) Dieses Gefühl des Doch-glücklich-Seins enthüllt Lenes Charakter. Ihre glückliche Natur geht über Verstimmungen weg. Sie nutzt die positiven Aspekte des Lebens, die sich bieten. Sie ist nicht tragisch veranlagt. Deshalb scheitert sie nicht, als sie den Mann, den sie liebt, Botho, nicht heiraten kann.

Hier ist es die Schönheit der Natur, die eine heilende Wirkung auf Lene ausübt. Neben der Stille wird das Wehen und Rauschen der alten Ulme wahrgenommen. Die Ulme in Hankels Ablage wird mehrfach erwähnt (vgl. S. 67, 72, 82). Die Bezeichnung „alt" weist auf die Größe der Ulme hin. Der Baum gilt traditionell als Lebenssymbol, er verbindet das feste Wurzeln mit dem nach oben Strebenden und sich seitlich Ausbreitenden und steht für Festigkeit und Offenheit. Die Ulme ist nach germanischer Überlieferung der Baum, aus dem die Frau gemacht wurde. Da die alte Ulme in den Kapiteln 11 bis 13 immer wieder erwähnt wird – ihr „Gezweige" gleicht „einem phantastischen Gitterwerke" (S. 72), man frühstückt schließlich unter ihr (vgl. S. 82) und Botho findet dieses Frühstück „himmlisch" (S. 83) – kann sie in Bezug auf Lene gedeutet werden. Die Ulme ist der Baum, der Lenes Wesen symbolisiert. Wie die Ulme ist sie fest, solide, stark und dabei offen für das Leben.

Neben der Ulme finden noch andere Einzelheiten der Natur Erwähnung: Wasser, Wald, Wiese (Alliteration!), der abendliche Dämmer, der zunehmende Mond. Es wird ein idyllisches Bild gezeichnet, wie es aus vielen romantischen Gedichten bekannt ist.

In dieser Stimmung besinnt Lene sich auf sich selbst. Da sie Botho zu einer Liebesnacht erwartet, beginnt sie „ihr schönes Haar zu lösen und wieder einzuflechten". Wiederum werden Gegensätze verbunden, die grundsätzlicher Art sind. Lösen und Flechten stehen auch für Neu-Zusammensetzen. Hier wird das Motiv der gesellschaftlichen Erneuerung, das bei der Beschreibung des Zimmers und der Bilder anklang, wieder aufgenommen und der Leser auf diese Weise erneut auf die Notwendigkeit der gesellschaftlichen Reformen hingewiesen. Es soll keine Revolution stattfinden, so lässt sich diese Textstelle deuten, sondern Bestehendes neu zusammengesetzt werden.

Als Botho endlich kommt, empfängt Lene ihn mit einem geistreichen Wortspiel, das ihre Sprachkompetenz unterstreicht: „Dazu kommst du zu früh, so spät du kommst." (S. 80) Um den Vorwurf nicht zu stark wirken zu lassen, umarmt sie Botho. Geschickt weiß sie anzubringen, wie groß ihre Sehnsucht nach ihm ist, indem sie ihn ans offene Fenster führt und ihm die Schönheit der Natur zeigt. Das romantische Motiv der Sehnsucht nimmt Lene als Hilfe, um ihre Liebe auszudrücken („Sieh nur. Ein armes Menschenherz, soll ihm keine Sehnsucht kommen bei solchem Anblick?", S. 81). Lenes Hinwendung zur Natur entspricht auch ihrem Verlangen nach Harmonie.

Dass sich hier die Liebeserfüllung anbahnt, macht der letzte Satz des Kapitels auf künstlerisch diskrete und dennoch eindeutige Weise deutlich: „Und sie schmiegte sich an ihn und blickte, während sie die Augen schloß, mit einem Ausdruck höchsten Glücks zu ihm auf." Wiederum werden Gegensätze zusammengebracht: Augen schließen und aufblicken. Das Zusammenbringen der beiden sich eigentlich ausschließenden, gleichzeitig nicht möglichen Tätigkeiten „Augen schließen" und „aufblicken" ist ein künstlerisches Mittel, um Lenes Empfinden und Verhalten umfassend auszudrücken. Dass Lene die Augen schließt, ist sicherlich ein Zeichen der Hingabe; vielleicht kann es auch bedeuten, dass sie das augenblickliche Glück voll und ganz genießen will, ohne ihre Zukunft zu sehen. Denn sie weiß, wie wenig eine Zukunft mit Botho möglich ist. Indem sie zu ihm aufblickt, bewundert sie ihn auch. Botho wird als schöner Mann beschrieben. Lene ist stolz, ihn zu lieben.

Insgesamt zeigt die Textstelle das Prinzip der Veränderung des Bestehenden, das Prinzip der permanenten Erneuerung. In diesem Bereich ist das „höchste Glück" möglich, in einer sich nicht wandelnden und sich erneuernden Gesellschaft scheitert die Liebe. Dann ist es „schlimm", wie Frau Dörr ganz zu Beginn des Romans warnt (vgl. S. 6).

Beginn Kapitel 13: Seite 81–84

Das Kapitel stellt den Höhepunkt in der Beziehung Lene/Botho dar und gleichzeitig den Wendepunkt. Es dokumentiert besonders deutlich Fontanes Antithese-Technik, welche die Ambivalenzen des Lebens sichtbar macht. So „kämpft" gleich in den ersten Zeilen des Kapitels „die Sonne […] mit dem Morgennebel".

Lene und Botho schlendern am Fluss entlang zu einer Uferstelle, „die hoch in Schilf und Binsen stand". Sie suchen selbst in der Einsamkeit von Hankels Ablage verborgene Stellen. Denn nur weit von der Gesellschaft entfernt kann ihre Liebe vollkommen sein. Die Beschreibung der Umgebung vermittelt auf den ersten Blick den Eindruck einer paradiesische Idylle. Die Wörter „Paradies" (zweimal) und „himmlisch" unterstreichen dies unmissverständlich. Wenn aber gleichzeitig von den „roten Dächern eines Nachbardorfes" und „den spitzen Kirchtürmen von Königswusterhausen" die Rede ist, klingt immerhin die umgebende Gesellschaft an und mit König und Kirche werden deren höchste Repräsentanzen versteckt angesprochen.

Landschaft bei Hankels Ablage. Aquarell von Otto Scherfling

Lene wirkt wie eine feine Dame, wenn sie „in ihrem Morgenanzuge“ am Arm Bothos lustwandelt. Dieser spürt, wie glücklich Lene ist. Sie bestätigt Bothos Feststellung nicht direkt. Doch „an einem leisen Zittern ihres Arms gewahrte Botho“, dass er die Situation sensibel erkannt hatte. Lene ist stolz und dankbar, mit Botho da zu sein. Dem Leser wird ihr Glück besonders intensiv nahe gebracht, indem Fontane den überwiegend auktorialen Erzähler zurücknimmt und Lenes Gedanken in Form einer erlebten Rede ausdrückt:

> *Ja, sie war glücklich, ganz glücklich und sah die Welt in einem rosigen Lichte. Sie hatte den besten, den liebsten Mann am Arm und genoß eine kostbare Stunde. War das nicht genug? Und wenn diese Stunde die letzte war, nun so war sie die letzte. War es nicht schon ein Vorzug, einen solchen Tag durchleben zu können? Und wenn auch nur einmal, ein einzig Mal.*

Das Zitat lässt erkennen, dass Lene die Gegensätze aushält. Sie genießt ihr Glück im Wissen, dass es endlich ist. Ganz bewusst weiß sie ihr Leben zu gestalten. Rückblickend erkennt Botho diese großartige Lebenskraft Lenes: „Ach, sie hatte die glücklichste Mischung und war vernünftig und leidenschaftlich zugleich.“ (S. 159)

Als der Wirt sich erkundigt, wie das Paar geschlafen hat, schildert Botho die Naturschönheit der vergangenen Nacht, die Mondsichel, die leise schlagenden Nachtigallen, und erwähnt, dass sie deshalb wie im Paradies geschlafen haben. Hier benutzt Fontane eine Art Überblendtechnik: Nacht und Morgen werden antithetisch nebeneinander gestellt und ergeben doch eine Synthese, die das Glück des jungen Paares deutlich macht. Fast im selben Atemzug jedoch „malt“ Botho „den Teufel schon an die Wand“, indem er von Ausflüglern aus Berlin spricht, die sie aus dem Paradies vertreiben könnten. Auf diese Weise erkennt der Leser, dass es sich um eine Scheinidylle handelt. Damit verbunden ist eine Vorausdeutung auf das nahe Geschehen. Denn die Ankunft der Freunde Bothos bedeutet für das Liebespaar in der Tat eine Vertreibung aus dem Paradies.

Auffällig ist auch der Gegensatz zwischen dem einherschlendernden Paar, das anschließend ein ausgedehntes „himmlisches" Frühstück zu sich nimmt, sich also eher passiv verhält, und der Aktivität in der Umgebung. Auf der Spree nutzen die Schiffer die Frühbrise. Zwei Fischersleute, Mann und Frau, arbeiten harmonisch und einträchtig, sie schneiden das umstehende Rohr und laden es in einen Lastkahn. Auf einer gegenüberliegenden Werft werden Boote instand gesetzt und am Fluss spült eine Magd mit Hingabe „Küchen- und Kupfergeschirr". Alle Arbeitsvorgänge werden von dem passiven Paar sehr positiv gesehen.

In dieser kurzen Textstelle (knapp drei Seiten) fällt die dreimalige Wiederholung des Adjektivs „hübsch" auf, und zwar jedes Mal bezogen auf Menschen bei der Arbeit. Die Gegenüberstellung von Arbeit einerseits und Nichtstun, Unbeschäftigtsein bzw. Genuss andererseits verweist auf die Gegensätze des Lebens, die auf einen Nenner gebracht werden wollen.

Von der Magd wird gesagt, sie sei eine „hübsche Person", die mit „einer herzlichen Arbeitslust" die Töpfe scheuert, die sauberen hochhebt und in der Sonne blinken lässt, um sie dann in einen Korb zu legen. Die Sonne scheint hier hell, der Nebel ist verschwunden, so dass der Arbeitsvorgang und die Arbeitslust der hübschen Magd für Lene sehr gut erkennbar sind. Sie ist „benommen" von dem Bild. Botho kann nicht nachvollziehen, warum Lene so betroffen ist. Sie erklärt ihm: „Weißt du, Botho, das ist kein Zufall, daß sie da kniet, sie kniet da für mich und ich fühle deutlich, daß es mir ein Zeichen ist und eine Fügung." Die Sonne als Symbol für Offenheit, Erkenntnis und Wahrheit erhellt die Szene und trägt dazu bei, dass Lene Klarheit über ihre Bestimmung gewinnt. Was vorher noch nebelig-undeutlich war in ihrem Glück, klärt sich jetzt. Sie nimmt wahr, wozu sie im Leben bestimmt ist: zu arbeiten (deshalb dreimal „hübsch"), ihr Leben selbst zu gestalten und nicht als Mätresse eines Adeligen ihr Leben zu verbringen. Lene handelt autonom. In völliger Freiheit und Selbstbestimmung wird sie ihr künftiges Leben einrichten. Fontane nimmt hier das Motiv des Entsagens auf, das in Goethes Romanen *Wilhelm Meister* und *Wahlverwandtschaften* als die einzige Möglichkeit, das Leben zu meistern, herausgestellt wird.

Botho wird in dieser Textstelle weniger positiv gesehen. Er ist zwar sensibel und liebevoll zu Lene, versteht aber nicht, dass Lene so sehr von der mit Lust arbeitenden Magd beeindruckt ist. Wenn Botho die harte Arbeit auf der Werft verklärt („solch Arbeitstaktschlag ist doch eigentlich die schönste Musik"), wirkt er ein wenig weltfremd. Es wird aber deutlich, dass er im Augenblick völligen Müßiggangs Sehnsucht nach Arbeit hat, auch wenn er sie selbst kaum ausführen mag und kann. Wie unrealistisch er seine Lage einschätzt, zeigt sich, als er vorschlägt, in Zukunft häufiger in Hankels Ablage zu frühstücken. Trotz seiner finanziellen Situation und dem Drängen seiner Familie, Käthe zu heiraten, glaubt er also, das Verhältnis mit Lene fortsetzen zu können.

Botho wirkt naiv, während Lene das Leben realistisch sieht. Demnach sind auch die beiden Hauptfiguren in dieser Textstelle antithetisch angelegt. Letztlich wird auf diese Weise Lenes geistige und charakterliche Überlegenheit über den Adeligen demonstriert. Man sieht, wie versteckt und raffiniert Fontane seine Gesellschaftskritik anlegt. Es geht ihm nicht um Provokation und Polarisierung, sondern um feinere und damit nachhaltiger wirkende Kritik.

Wie Recht Lene mit ihrer Vermutung hat, dass diese Stunde die letzte glückliche des jungen Paares war, zeigt die anschließend dargestellte Störung durch die Ankunft der Offizierskollegen mit ihren „Damen".

Die Textstelle insgesamt ist sehr eingängig durch die verwendeten Bilder: das frühmorgens am Flussufer schlendernde Paar, der Bericht von der Nacht mit den erotischen Motiven Mond und Nachtigall, das Rohr schneidende Fischerpaar, das englische Frühstück unter der Ulme, die Tätigkeiten auf der Werft, die Arbeitslust der hübschen Magd.

Die Erzählperspektive dieser Textstelle ist vielschichtig. Der allwissende auktoriale Erzähler herrscht vor, mittels der erlebten Rede wird aber auch die personale Perspektive der Figuren gezeigt. Fontane variiert das Ganze, indem er häufig den Dialog und damit die neutrale Perspektive verwendet. Dadurch wird eine Multiperspektivität erzielt, die sich auch inhaltlich widerspiegelt.

Die verschiedenen Tageszeiten, vom sonnig-nebeligen Morgen bis hin zur klar scheinenden Sonne, vermutlich am späten Vormittag, verbunden mit der Erinnerung an die romantische Nacht, geben den Eindruck von etwas Ganzem wieder, das die Wirklichkeit in ihrer Wesentlichkeit repräsentiert.

Die Textstelle ist exemplarisch für Fontanes Kunstfertigkeit (vgl. *Interpretationshilfe,* S. 53 ff.). Indem das Dargestellte typisiert und in einen allgemeinen Rahmen gesetzt wird, erfährt es eine Erhöhung zum Wahren. Das Wesentliche wird erkennbar. Das Zufällige und Einzelne tritt in einen gestalteten Zusammenhang. Der Leser erkennt, was im Leben wesentlich ist und damit wahr. Auf diese Weise wird ihm das Leben interpretiert und seine Existenz gedeutet, denn er vergleicht sich und sein Handeln mit den Gestalten, von denen er liest. Das Prinzip der wechselseitigen Spiegelungen kommt zum Tragen.

Ende Kapitel 26: Seite 180–182

Die letzten beiden Seiten des Romans sind wie ein Epilog angelegt. Zwei kurze Szenen werden geschildert, erstens die Beobachtungen und Meinungen zweier Berliner Arbeiterfrauen bei der Vorfahrt der Gäste und des Brautpaares anlässlich der kirchlichen Trauung Lenes und Gideons, zweitens das Frühstück Käthes und Bothos mit der Beschreibung der Lektüre der Hochzeitsanzeige in der *Kreuzzeitung.* Beide Szenen fassen die wichtigsten Handlungsstränge des Romans zusammen.

Die **erste Szene** lässt erkennen, dass Neugierde, Klatsch und Lächerlichmachen im vierten Stand genauso verbreitet sind wie in der Adelsschicht.

Die Beschreibung der Taille der stattlichen Frau Dörr als „Walfischrippe" (Hinweis auf Korsett) offenbart den Berliner Witz, erinnert aber auch an die Textstelle aus dem Dialog zwischen Lene und Botho, als Lene feststellt, Frau Dörr mache eine Figur, habe aber keine (vgl. S. 30). Auf diese Weise wird Frau Dörr als wichtige Nebenfigur im Schlusskapitel des Romans noch einmal präsentiert und damit all das, was mit ihr verbunden ist.

Anschließend wird das Brautpaar beschrieben, zunächst der Bräutigam, ein „hagerer Herr", der zuvorkommend seiner Frau die Kutschentür öffnet. Lene, die „sehr hübsche" Braut, wird wegen ihres weißen Atlaskleides bewundert. Natürlich fällt den beiden Beobachterinnen auf, dass sie keinen Kranz trägt. Eine der Frauen hat etwas „munkeln" gehört, vermutlich von Lenes Verhältnis zu Botho. Sie sind fast ein wenig verwundert, dass die Braut so öffentlich demonstriert, nicht als Jungfrau zu heiraten.

Durch diese Anspielung wird dem Leser Lenes Liebesgeschichte mit Botho wieder präsent. Er erinnert sich an die Geschehnisse, die Entwicklung und das Scheitern der Beziehung, die Bekanntschaft Lenes mit Gideon, dessen Gespräch mit Botho und die Heiratspläne. Der Epilogcharakter des letzten Kapitels verstärkt sich.

Indem die beiden Arbeiterfrauen feststellen, dass eigentlich keine Braut mehr einen Kranz tragen dürfe, wird die gesellschaftliche Situation erkennbar. Die Forderung der Jungfräulichkeit bei der Eheschließung ist zwar gesellschaftliche Norm, findet aber keine Beachtung mehr. Zumindest die Männer haben üblicherweise voreheliche Verhältnisse, wie die Beispiele der adeligen Offiziere beweisen. Die Bemerkung, der Florist „Schmidt in der Friedrichstraße könnte man gleich zumachen", verrät auf humorvolle Weise, wie ausgehöhlt die gesellschaftlichen Normen inzwischen sind.

Der Spott der beiden Beobachterinnen gilt auch dem Alter und Aussehen des Bräutigams: Gideon Franke könne aufgrund seiner Jahre gleich die silberne Hochzeit mitfeiern und mit seinen spitzen Vatermördern (Stehkragen) seine Braut „dod machen", „wenn's wieder munkelt". Diese Bemerkung darf nicht als tragische Vorausdeutung verstanden werden. Gideon weiß schließlich um die Vergangenheit seiner Frau. Der Satz zeigt aber, wie die Normen dazu beitragen können, dass Unglück entsteht, wenn Klatsch hintertragen wird und die Beziehung der Eheleute weniger offen ist.

Die **zweite Szene** des Epilogs zeigt Botho und Käthe in ihrer Wohnung beim Frühstück. Auch sie greift Charakterzüge und Verhaltensweisen der Figuren auf, die dem Leser bereits bekannt sind. Bothos Menschlichkeit etwa lässt sich darin erkennen, dass er den Schwalben Brotkrumen hinwirft. Die Textstelle erinnert an den Anfang des sechsten Kapitels, als Botho seinen Kanarienvogel streichelt und einen Vergleich vornimmt: „Alle Lieblinge sind gleich […] und fordern Gehorsam und Unterwerfung." (S. 35) Botho hat sich in der Tat den gesellschaftlichen Anforderungen und den finanziellen Notwendigkeiten unterworfen. Insofern bündelt diese Anspielung die gesamte Problematik im Schlusskapitel.

Als weiteres zentrales Motiv taucht das „Dalbern" auf. Käthe lacht ausgelassen und findet die Namen Nimptsch und Gideon „zu komisch", als sie Lenes und Gideons Heiratsanzeige liest. Dadurch wird dem Leser in Erinnerung gebracht, dass Bothos Beziehung zu Käthe nicht von Liebe geprägt ist, sondern ein wenig Verachtung enthält, und dass Botho Lene mehr liebt und achtet als seine oberflächliche Frau. Durch Äußerungen wie „Nimptsch. Kannst du dir was Komischeres denken?" macht sich

Käthe lächerlich. Im Vergleich zu Lene ist sie charakterlich unterlegen – das wird im Schlusskapitel noch einmal ganz deutlich.

Botho ist verlegen, reagiert aber geschickt durch seinen Satz: „Gideon ist besser als Botho." Die Fontane-Forscherin Charlotte Jolles hält diesen Satz „für Fontanes vollkommensten Romanschluss, weil er den ästhetischen und sittlichen Sinn des Lesers befriedigt. In seiner Prägnanz und eindeutigen Wertung sowie der völligen epischen Integration ist er einmalig."[16] In der Tat fasst der vordergründig so einfach formulierte Schlusssatz das Geschehen und die Problematik des Romans auf raffinierte und vieldeutige Weise zusammen.

Die Wertung „besser als" ist durchaus selbstironisch von Botho gemeint. Er drückt damit sein Versagen aus, sich selbstständig zu zeigen und zu seiner Liebe zu stehen. Er vergleicht sich mit einem Mann, der in der gesellschaftlichen Stellung auf keinen Fall „besser" ist. Die ethische Aussage des Satzes ist folgendermaßen zu verstehen: Gideon hat völlig selbstständige Ansichten, sowohl hinsichtlich der Gesellschaft als auch in Bezug auf das Christentum. Grundsätzliche Offenheit und Ehrlichkeit sind ihm an seiner Frau wichtiger als deren Vergangenheit. Deshalb hält er das siebte Gebot *(Du sollst nicht stehlen.)* für wichtiger als das sechste *(Du sollst nicht ehebrechen.*, vgl. S. 146). Er kann Lene heiraten, obwohl er nicht der erste Mann in ihrem Leben ist. In Hebbels *Maria Magdalena,* II,5 heißt es noch: „Darüber kann kein Mann weg!" Botho besitzt die innere Freiheit, Lene unabhängig von gesellschaftlichen Normen zu sehen. Für ihn ist Lene die „selten gute Frau" (S. 145).

Der Satz „Gideon ist besser als Botho." fasst einerseits das Geschehen zusammen, andererseits enthält er eine moralische Wertung, die die bestehende Gesellschaft in Frage stellt. So ist der Schluss des Romans eine Zusammenfassung der Handlungsstränge und damit ein Epilog, gleichzeitig gibt er die Richtung der Gesellschaftskritik und der ethischen Haltung Fontanes an.

Zur Rezeption des Romans

Fontanes Roman *Irrungen, Wirrungen* wurde vom 24. Juli bis 23. August 1887 in der *Vossischen Zeitung* vorabgedruckt. Die Buchausgabe erschien 1888.

Noch während des **Vorabdrucks** reagierten viele Leser empört darauf, dass Fontane ihnen eine Liebesgeschichte zwischen einem Adeligen und einem einfachen Mädchen zumutete, auch wenn solche „Verhältnisse" allen bekannt waren. Zu deutlich verstieß die Romanhandlung zum einen gegen die bürgerlichen Moralvorstellungen (Ehe als sittliche Grundzelle), zum anderen gegen die im Adel übliche Tabuisierung solcher unstandesgemäßen Verbindungen. Die statt von kritischer Distanz eher vom Wohlwollen des Autors getragene öffentliche Darstellung einer Mesalliance, noch dazu präsentiert in der schlichten Normalität einer „Berliner Alltagsgeschichte" (Untertitel des Vorabdrucks), führte zu einem **literarischen Skandal.** Es kam zu Abbestellungen der Zeitung. Der Herausgeber der *Vossischen* soll den Chefredakteur angeschrieben haben: „Wird denn die gräßliche Hurengeschichte nicht bald aufhören?" [17]

Dagegen hatte die **Buchausgabe** eine **überraschend gute Resonanz.** In zahlreichen bedeutenden Zeitschriften erschienen anerkennende Rezensionen des Werkes. Beispielsweise lobte der süddeutsche Kritiker Wilhelm Lübke den Roman 1888 in hohen Tönen:

Baron Botho ist so recht der Typus eines liebenswürdigen, warmherzigen, natürlichen jungen Adeligen [. . .]. Daß er sich von so einem einfachen Kinde, wie Lene ist, fesseln läßt, können wir ihm nachfühlen, denn der Dichter hat diese Mädchengestalt mit dem vollen Reiz nicht nur jugendlicher Anmut, sondern auch

> *schlichter Wahrheit, Natürlichkeit und charaktervoller Festigkeit ausgestattet. Sie gehört ohne Frage zu den anziehendsten weiblichen Gestalten, die er geschaffen hat.*[18]

In der *Vossischen Zeitung* selbst erscheint 1888 anonym eine positive Kritik von Paul Schlenther, in der er Stellung gegen die bisherige öffentliche Verurteilung des Romans aus vermeintlichen Sittlichkeitsgründen bezieht. Schlenther sieht Lene und Botho als Traumpaar für ein ganzes Leben, sie seien Opfer der gesellschaftlichen Verhältnisse geworden.[19]

Daneben gab es auch vernichtende Rezensionen. Vor allem für junge Mädchen sei das Buch nicht geeignet.[20]

Die Meinungen über Fontane gingen also auseinander, Teile des bürgerlich-konservativen Publikums verurteilten ihn als unsittlichen Autor, andere Leser schätzten ihn als Traditionalisten, als konservativen Sittenrichter und Gesellschaftskritiker ein.

Nach dem Tod Fontanes erlebte das Werk viele Auflagen, im Jahre 1910 bereits die 15. Auflage und „in den zwanziger Jahren zählte der Roman zu den beliebtesten Werken des Autors und hatte mehr Auflagen als *Effi Briest* und *Frau Jenny Treibel*".[21]

Die germanistische Forschung widmete dem Roman zahlreiche Untersuchungen und hat ihn immer wieder gelobt. Charlotte Jolles schreibt: „[...] nur der Grad der Wertschätzung mag unterschiedlich sein. Fontane hatte mit diesem Werk seine Meisterschaft erreicht, und die großen ästhetischen Qualitäten des Romans sind schon früh erkannt worden."[22]

Dabei gibt es kontroverse Meinungen in Bezug auf die Frage, ob der Roman tragisch oder resignativ ende. Auch die Glücksfrage wird diskutiert oder die Menschlichkeit des Werkes hervorgehoben. Einige Forscher sehen in Käthe eine Gegenfigur zu Lene, andere schätzen sie positiver ein, weil Botho sie immerhin reizend findet.

Der Literaturwissenschaftler Georg Lukács ist von der Figur der Lene begeistert, sie sei „ein Triumph des Plebejisch-Volkshaften über die Bürgerlichkeit".[23] Gemäß seiner marxistischen Ideologie sieht er in ihr eine Klassenkämpferin. Müller-Seidel widerspricht dieser Theorie: „Es geht nicht um das, was diese Mädchengestalt aufgrund ihres Standes oder ihrer Klasse ist, sondern was sie menschlich ist." Müller-Seidel spricht von ihrer „Lebensreife", die sich im Gespräch mit Botho zeige. Deshalb ist für ihn Lene „eine der gelungensten" Romanfiguren, die Fontane geschaffen habe.[24]

Nach der Wende 1989 hat der Autor Theodor Fontane einen Popularitätsschub erfahren. Dazu hat unter anderem der Fontane-Roman *Ein weites Feld* (1995) von Günter Grass beigetragen, in dem auch die Figur der Lene eine Rolle spielt. Nach Grass soll Fontane seinem Roman einen neuen Schluss mit einem Happy End geben.

Irrungen, Wirrungen ist zweimal für das Fernsehen verfilmt worden, in der DDR 1963/64 von Robert Trösch und in der BRD im Jahre 1966/67 von Rudolf Noelte.

In der gymnasialen Oberstufe wird der Roman *Irrungen, Wirrungen* neben *Effi Briest* und *Frau Jenny Treibel* oft gelesen.

Literaturhinweise

Textausgaben

FONTANE, Theodor: *Irrungen, Wirrungen.* Roman.
Anmerkungen von Frederick Betz.
Stuttgart: Reclams Universal-Bibliothek Nr. 8971, 1994
Nach dieser Ausgabe wird zitiert, Sie finden die Seitenangaben im Text, nicht in den Anmerkungen.

FONTANE, Theodor: *Irrungen, Wirrungen.* Roman.
Große Brandenburger Ausgabe, hrsg. von Gotthard Erler,
Berlin: Aufbau-Verlag, 1997
Textausgabe mit 92 Seiten Anmerkungen.

Empfehlenswerte Sekundärliteratur

AUST, Hugo: *Theodor Fontane – Ein Studienbuch.*
Tübingen und Basel: Francke-Verlag, 1998 (UTB 1988)
Knappe, aber präzise Interpretationen des erzählerischen Werks.

BETZ, Frederick (Hrsg.): *Erläuterungen und Dokumente zu „Irrungen, Wirrungen".* Stuttgart: Reclams Universal-Bibliothek Nr. 8146, 1979
Wichtige Sammlung von Wort- und Sacherklärungen, Dokumente zur Wirkungsgeschichte.

GRAWE, Christian: *Führer durch Fontanes Romane – Ein Lexikon der Personen, Schauplätze und Kunstwerke.*
Stuttgart: Reclams Universal-Bibliothek Nr. 9439, 1996
Kenntnisreiches Lexikon, das vielfältige Erklärungen und Zusammenfassungen zum gesamten erzählerischen Werk Theodor Fontanes gibt.

GRAWE, Christian (Hrsg.): *Fontanes Novellen und Romane – Interpretationen.* Stuttgart: Reclams Universal-Bibliothek Nr. 8416, 1991

Fachwissenschaftliche Interpretationen.

GRAWE, Christian und NÜRNBERGER, Helmuth (Hrsg.): *Fontane-Handbuch.* Stuttgart: Alfred Kröner Verlag, 2000

Sehr umfassendes und aussagekräftiges Werk über alle Aspekte der Fontane-Forschung, verfasst von Fachgelehrten.

JOLLES, Charlotte: *Theodor Fontane.* Stuttgart, Weimar: J. B. Metzler Verlag, Sammlung Metzler 114, 4. überarbeitete und erweiterte Auflage, 1993

Knappe Darstellung des Gesamtwerks Theodor Fontanes mit umfangreicher Bibliographie.

JOLLES, Charlotte: *„Gideon ist besser als Botho“, Unwiederbringlich – Der Irrweg des Grafen Holk.* Zwei Aufsätze über Theodor Fontane. Flensburg, 1998, Schriftenreihe der Sektion „Schleswiger Land“ der Theodor Fontane Gesellschaft, Heft 5/6

Kluge Darlegungen einer Fontane-Forscherin.

MÜLLER-SEIDEL, Walter: *Theodor Fontane – Soziale Romankunst in Deutschland.* Stuttgart und Weimar: Verlag J. B. Metzler, 3. Auflage 1994

Sehr empfehlenswertes Standardwerk.

Anmerkungen

1 vgl. dazu JOLLES: *Theodor Fontane*; MÜLLER-SEIDEL: *Theodor Fontane – Soziale Romankunst in Deutschland*; GRAWE und NÜRNBERGER (Hrsg.): *Fontane-Handbuch.*
2 zit. n. *Fontane-Handbuch,* S. 1
3 zit. n. Müller-Seidel, S. 47
4 zit. n. Müller-Seidel, S. 51
5 zit. n. Müller-Seidel, S. 48
6 zit. n. Müller-Seidel, S. 49
7 zit. n. Fontane: *Irrungen, Wirrungen. Große Brandenburger Ausgabe,* S. 198
8 vgl. ebd., S. 193
9 vgl. ebd., S. 202–210
10 zit. n. ebd., S. 210
11 Jolles: *Gideon ist besser als Botho,* S. 20
12 vgl. Fontane: *Irrungen, Wirrungen. Große Brandenburger Ausgabe,* S. 239–280
13 vgl. ebd., S. 232 f.
14 zit. n. *Texte, Themen und Strukturen,* 1. Auflage 1999, Cornelsen Verlag, Berlin
15 zit. n. Fontane: *Irrungen, Wirrungen. Große Brandenburger Ausgabe,* S. 193
16 Jolles: *Gideon ist besser als Botho,* S. 14
17 vgl. Fontane: *Irrungen, Wirrungen. Große Brandenburger Ausgabe,* S. 210
18 ebd., S. 216 f.
19 ebd., S. 218
20 ebd., S. 222
21 ebd., S. 231
22 zit. n. *Erläuterungen und Dokumente* (Reclam), S. 123
23 zit. n. Müller-Seidel, S. 266
24 ebd.

Ihre Meinung ist uns wichtig!

Ihre Anregungen sind uns immer willkommen. Bitte informieren Sie uns mit diesem Schein über Ihre Verbesserungsvorschläge!

Titel-Nr.	Seite	Vorschlag

Bitte hier abtrennen

Bitte hier abtrennen

Zutreffendes bitte ankreuzen! Die Absenderin/der Absender ist:

- ☐ Lehrer/in in den Klassenstufen: ____
- ☐ Fachbetreuer/in
  Fächer: ____
- ☐ Seminarlehrer/in
  Fächer: ____
- ☐ Regierungsfachberater/in
  Fächer: ____
- ☐ Oberstufenbetreuer/in
- ☐ Schulleiter/in
- ☐ Referendar/in, Termin 2. Staatsexamen: ____
- ☐ Leiter/in Lehrerbibliothek
- ☐ Leiter/in Schülerbibliothek
- ☐ Sekretariat
- ☐ Eltern
- ☐ Schüler/in, Klasse: ____
- ☐ Sonstiges: ____

STARK Verlag
Postfach 1852
85318 Freising

16-V1P

Bitte ausfüllen und im frankierten Umschlag an uns einsenden. Für Fensterkuverts geeignet.

Kennen Sie Ihre Kundennummer?
Bitte hier eintragen.

Absender (Bitte in Druckbuchstaben!)

Name/Vorname ____

Straße/Nr. ____

PLZ/Ort ____

Telefon privat ____ **Geburtsjahr** ____

E-Mail ____

Schule/Schulstempel (Bitte immer angeben!)

Unterrichtsfächer: (Bei Lehrkräften!)

STARK Interpretationshilfen und Trainingsbände für die Oberstufe

Deutsch Interpretationen

Deutsch – Interpretationshilfen 1

Aus dem Inhalt: Goethe, *Faust*, *Iphigenie*; Schiller, *Maria Stuart*, *Wallenstein*, *Don Carlos*; Tieck, *Der blonde Eckbert*; E.T.A. Hoffmann, *Der goldne Topf*, Kleist, *Michael Kohlhaas*, *Prinz Friedrich von Homburg*; Eichendorff, *Aus dem Leben eines Taugenichts*; Büchner, *Woyzeck*, *Lenz*; Mörike, *Mozart auf der Reise nach Prag*; Fontane, *Effi Briest*, *Frau Jenny Treibel*; Hebbel, *Maria Magdalena*, Hauptmann, *Rose Bernd*, *Bahnwärter Thiel*

■ .... Best.-Nr. 94407

Deutsch – Vom Expressionismus bis zur Literatur der DDR

Aus dem Inhalt: Trakl, *Grodek;* Benn, *Mann und Frau gehen durch die Krebsbaracke;* Döblin, *Berlin Alexanderplatz;* Kästner, *Sachliche Romanze;* Rilke, *Der Panther;* Brecht, *Der gute Mensch von Sezuan*; Horváth, *Geschichten aus dem Wiener Wald;* Kafka, *Der Prozeß, Die Verwandlung;* H. Mann, *Der Untertan;* Musil, *Die Verwirrung des Zöglings Törleß;* Seghers, *Das siebte Kreuz,* Enzensberger, *Fremder Garten,* Bachmann, *Reklame;* Böll, *Die verlorene Ehre der Katharina Blum;* Dürrenmatt, *Die Physiker;* Frisch, *Homo faber;* Grass, *Die Blechtrommel;* Walser, *Ein fliehendes Pferd;* Weiss, *Verfolgung und Ermordung Jean Paul Marats;* Brecht: *Böser Morgen;* Biermann, *Und als wir ans Ufer kamen*; Wolf, *Kassandra*

■ .... Best.-Nr. 94408

Interpretationshilfen zu Einzellektüren:

Brecht: *Der aufhaltsame Aufstieg des Arturo Ui* .... Best.-Nr. 2400281
Brecht: *Der kaukasische Kreidekreis* .. Best.-Nr. 2400171
Brecht: *Leben des Galilei* .... Best.-Nr. 2400011
Brussig: *Am kürzeren Ende der Sonnenallee* .. Best.-Nr. 2400201
Büchner: *Dantons Tod* .... Best.-Nr. 2400121
Büchner: *Der Hessische Landbote* ...... Best.-Nr. 2400461
Büchner: *Lenz* .... Best.-Nr. 2400431
Büchner: *Leonce und Lena* .... Best.-Nr. 2400261
Büchner: *Woyzeck* .... Best.-Nr. 2400041
Camus: *L'Etranger/Der Fremde* .... Best.-Nr. 2550041
Dürrenmatt: *Der Besuch der alten Dame* .... Best.-Nr. 2400341
Eichendorff: *Aus dem Leben eines Taugenichts* ...... Best.-Nr. 2400071
Eichendorff: *Das Marmorbild* .... Best.-Nr. 2400081
Fontane: *Effi Briest* .... Best.-Nr. 2400371
Fontane: *Irrungen, Wirrungen* .... Best.-Nr. 2400401
Frisch: *Biedermann und die Brandstifter* ...... Best.-Nr. 2400531
Frisch: *Homo faber* .... Best.-Nr. 2400031
Goethe: *Faust I* .... Best.-Nr. 2400511
Goethe: *Gedichte (1771–1783)* .... Best.-Nr. 2400181
Goethe: *Die Leiden des jungen Werther* .... Best.-Nr. 2400051
Hein: *Der fremde Freund/Drachenblut* ...... Best.-Nr. 2400061
E.T.A. Hoffmann: *Der Sandmann* ...... Best.-Nr. 2400351
Kafka: *Der Proceß* .... Best.-Nr. 2400481
Kafka: *Die Verwandlung/Das Urteil* .. Best.-Nr. 2400141
Keller: *Romeo und Julia auf dem Dorfe* .... Best.-Nr. 2400321
Kerner: *Blueprint. Blaupause* .... Best.-Nr. 2400391
Kleist: *Der zerbrochne Krug* .... Best.-Nr. 2400541
Kleist: *Michael Kohlhaas* .... Best.-Nr. 2400111
Lessing: *Emilia Galotti* .... Best.-Nr. 2400191
Lessing: *Nathan der Weise* .... Best.-Nr. 2400501
Th. Mann: *Der Tod in Venedig* .... Best.-Nr. 2400291
Th. Mann: *Tonio Kröger/ Mario und der Zauberer* .... Best.-Nr. 2400151
Nooteboom: *Die folgende Geschichte* Best.-Nr. 2400251
Sartre: *Huis clos/ Geschlossene Gesellschaft* .... Best.-Nr. 2550051
Schiller: *Don Carlos* .... Best.-Nr. 2400161
Schiller: *Kabale und Liebe* .... Best.-Nr. 2400231
Schiller: *Die Räuber* .... Best.-Nr. 2400421
Schiller: *Maria Stuart* .... Best.-Nr. 2400271
Schlink: *Der Vorleser* .... Best.-Nr. 2400101
Schneider: *Schlafes Bruder* .... Best.-Nr. 2400021
Schnitzler: *Traumnovelle* .... Best.-Nr. 2400311
Sophokles: *Antigone* .... Best.-Nr. 2400221
Storm: *Der Schimmelreiter* .... Best.-Nr. 2400381
Strittmatter: *Raabe Baikal* .... Best.-Nr. 2400241
Süskind: *Das Parfum* .... Best.-Nr. 2400091
Timm: *Die Entdeckung der Currywurst* .... Best.-Nr. 2400301
Vanderbeke: *Das Muschelessen* .... Best.-Nr. 2400331
Zweig: *Schachnovelle* .... Best.-Nr. 2400441

Deutsch Training

Training Methoden Deutsch .... Best.-Nr. 944062
Dramen analysieren u. interpretieren Best.-Nr. 944092
Erörtern und Sachtexte analysieren .. Best.-Nr. 944094
Gedichte analysieren und interpretieren .... Best.-Nr. 944091
Epische Texte analysieren und interpretieren .... Best.-Nr. 944093
Übertritt in die Oberstufe .... Best.-Nr. 90409
Abitur-Wissen Erörtern und Sachtexte analysieren .. Best.-Nr. 944064
Abitur-Wissen Textinterpretation .... Best.-Nr. 944061
Abitur-Wissen Deutsche Literaturgeschichte .... Best.-Nr. 94405
Abitur-Wissen Prüfungswissen Oberstufe .... Best.-Nr. 94400
Kompakt-Wissen Rechtschreibung ...... Best.-Nr. 944065
Lexikon Autoren und Werke .... Best.-Nr. 944081

(Bitte blättern Sie um)

16-V1P

Bestellungen bitte direkt an: STARK Verlagsgesellschaft mbH & Co. KG
Postfach 1852 · 85318 Freising · Tel: 08161 / 179-0 · FAX: 08161 / 179-51
Internet: www.stark-verlag.de · E-Mail: info@stark-verlag.de

STARK